KB199913

주님,
오늘도 부탁해요

주님, 오늘도 부탁해요

지은이 | 김상숙
초판 발행 | 2016. 12. 19
6쇄 발행 | 2020. 12. 1.
등록번호 | 제1988-000080호
등록된 곳 | 서울특별시 용산구 서빙고로 65길 38
발행처 | 사단법인 두란노서원
영업부 | 2078-3352   FAX | 080-749-3705
출판부 | 2078-3331

책값은 뒤표지에 있습니다.
ISBN 978-89-531-2722-7 03230   Printed in Korea

독자의 의견을 기다립니다.
tpress@duranno.com www.duranno.com

소 외 된 외 국 인 을 섬 긴 3 0 년 기 도 사 역

주님,
오늘도 부탁해요

김상숙 지음

두란노

홀리네이션스 선교회,
행복동 사람들 이야기

1985년 4월, 남편의 직장이 홍콩으로 발령 나서 초등학교 3학년에 막 올라간 아들과 유치원 다니는 딸의 손을 붙잡고 우리 부부는 비 내리는 홍콩 시내의 한 호텔에 들어갔습니다. 집을 구할 때까지 묵을 호텔이었는데 그 호텔 근처에는 필리핀인 가정 도우미들이 떼를 지어 앉아 있었습니다.

　매일 비가 오는 우기였습니다. 그날 그들은 빌딩의 지붕 밑에 쪼그리고 앉아서 밤이 되어도 떠나지를 않았습니다. 밤 11시가 돼서도 도시락을 먹으며 머물러 있던 그들은 일주일에 하루 있는 휴일이기에 되도록이면 집에 늦게 들어가려고 그곳에서 시간을 보낸다고 했습니다. 그들이 너무나 안쓰러워 후에 우리 집을 구했을 때 그들이 거리가 아닌 집에서 식사 할 수 있도록 집을 오픈했습니다. 그들의 이야기를 들어주고 성경을 읽으며 내가 주는 사랑보다 더 큰 사랑이신 예수님을 같이 나누었습니다.

　10년 뒤인 1995년, 홍콩을 떠나 말레이시아로 갔을 때 그곳에는 또 다른 외국인들이 있었습니다. 그들은 인도네시아 사람들로 말레이시아에서 건축 노동자로 일하는 사람들이었습니다. 그들에게

다가가 같이 대화를 나누면서 그들의 일상을 보게 되었습니다. 남자들끼리 그 힘든 일을 하면서 아침은 거르고, 점심은 대야 같은 솥에 지은 밥을 먹었습니다. 한 시간 남짓한 점심시간이 시작될 때에야 짓기 시작한 밥이라, 다 되기를 기다렸다 밥을 먹고 나면 숨 돌릴 틈 없이 일로 복귀해야 했습니다. 그들의 나이가 당시 대학생이었던 우리 아들과 비슷해 많이 마음이 아팠습니다. '내 아들이 저렇게 일 년 내내 더운 곳에서 아침도 굶고 노동을 한다면 나는 어떻게 했을까?'라는 생각이 들면서 일주일에 하루라도 도시락을 싸 가지고 가져다 주기 시작했습니다. 더운 나라이기에 중국계 말레이시아 사람들은 새벽 일찍 시장을 열었습니다. 몇 십 명 되는 노동자들을 먹이기 위해 새벽에 시장을 보고 도시락을 만들어서 가져다 주었습니다. 도시락을 가지고 가면 그들은 밥을 하지 않아도 되어 진심으로 좋아했고 그 기분으로 제가 성경 암송을 시키면 너도나도 그들 언어로 한 장씩 암송했습니다. 그들은 저를 "마마"라고 부르기 시작했습니다. 그래서 지금까지 제 이름이 "마마 킴"이 되었습니다.

1998년, 남편이 한국으로 발령받아 외국 생활을 마치고 귀국하고 나니 우리나라에 외국인 노동자들이 전에 없이 많이 와 있었습니다. 우리 집은 일산인데 호수 공원에서 어느 날 외국인 노동자들을 많이 만났습니다. 대화를 나누는 중에 외국인 노동자들이 호수 공원 인근의 공장들에서 일한다는 사실을 들었습니다. 그들이 일하는 곳으로 찾아가 사연을 들어 보니 더운 지방에서 온 분들이 많았고 한국의 3D 현장에서 일을 하기에 치명적인 질병도 많이 앓고 있었습니다. 공장에서 쫓겨나 오갈 데 없이 공원 벤치에서 사흘이나 굶고 있는 사람들, 직업이 없어 호소하는 사람들, 임금을 못 받아 고생했는 사람들을 만나다 보니 그들을 위한 집이 필요했습니다. 그들을 위한 병원비도 필요했고 함께 사랑하고 섬길 같은 마음을 가진 동역자도 필요했습니다. 하나님께서는 귀한 동역자들을 보내 주셨고 지금까지 16년 동안 한마음으로 섬길 수 있게 하셨습니다.

그렇게 2000년, 홀리네이션스 선교회가 시작되었습니다. 무료 숙식을 제공하는 3층짜리 쉼터를 지어서 누구든지 그곳에 와서 밥먹고 잠잘 수 있도록 했고, 병에 걸려 우리 아버지의 집 문을 두드리면 우리는 예수님의 메신저가 되어 그들을 입원시키고 수술시켜 주었습니다. 이 모든 일이 예수님의 사랑을 전하는 일이었습니다. 이제 홀리네이션스 선교회는 16년이 흘렀습니다. 그리고 평범한 아내이며 엄마였던 제가 주님의 사랑의 통로가 되기를 원해 선교사가 되어 홍콩에서부터 섬겨 온 지 30년이 되었습니다.

제가 섬긴 대상은 모두 엄청난 물질과 인력을 필요로 했습니다. 이제 30년이 지나 과연 이 길이 어떤 길이었는지를 돌아본 저는 분명히 알게 되었습니다. 이 길은 우리가 '행복동 사람들'이 되어 사도행전 2장에 나오는 초대교회 사람들처럼 한마음으로 외국인 노동자들을 섬기는 길이었습니다. 우리는 매일 새롭게 기쁜 마음으로 위를 바라보며 행진하고 있습니다.

성경의 모든 약속은 신실했고 사실이었습니다. 주님은 세상 끝 날까지 우리와 함께하신다는 약속(마 28:20)을 구체적으로 신실하게 지키셨고 우리의 필요를 모두 채우신다는 말씀(빌 4:19)대로 채우셔서 그동안 행복동에서 필요로 했던 50억이 넘는 그 많은 액수를 빚 하나 없이 사람에게 구하지 않아도 채워 주셨습니다. 이곳에서는 수백 명의 외국인들이 입원 수술을 받았고 수많은 외국인들이 세례를 받았으며 30명의 외국인 신학생들이 공부한 후 자국으로 돌아갔습니다. 그들은 몽골, 러시아, 네팔, 중국, 파키스탄, 영국 등지에서 활약을 하며 또 다른 열매를 맺고 있습니다.

많은 외국인들이 이곳에서 하나님의 사랑을 직접 체험했고 주님이 누구신지를 배웠습니다. 우리는 복음이 죽은 사람들을 살려 내는 것을 보았습니다. 행복동 사람이 된 것을 우리 모두 기뻐합니다. 이곳에서 우리가 구하는 것보다 훨씬 더 넘치게 부어 주시는 우리 하나님 아버지를 체험하며 그 사랑을 느끼고 있습니다.

행복동 이야기를 함께 나누며 이 기쁨을 함께 누리고 싶습니다.

"내가 이것을 너희에게 이름은 내 기쁨이 너희 안에 있어 너희 기쁨을 충만하게 하려 함이라"(요 15:11).

김상숙 권사님을 처음 만난 때가 2002년으로 기억됩니다. 첫인상은 매우 소박하지만 인자하고 사랑이 넘쳐 보였습니다. "저 작은 몸으로 어떻게 이런 사역들을 하실까?" 하는 의문이 들었습니다. 이랜드 직원 수련회 강사로 모시면서, 구체적으로 마마 킴이 하는 일이 어떤 일인지를 알게 되었습니다. 저자는 하나님을 경외하고 사랑하며, 말씀을 있는 그대로 믿는 믿음의 사람이었습니다. 또한 기도의 사람이었습니다. 하나님의 말씀을 믿음으로 읽고, 읽은 만큼 기도하고, 그 말씀을 실천하는 분이었습니다. 신앙인이라면 추구하는 말씀과 기도와 삶의 균형을 갖춘 분이라는 것을 알게 되었습니다. 이런 신앙의 영성이 지금의 저자를 만들었다고 봅니다. 저자의 신앙과 삶을 알게 되면서, 그를 통해 하나님의 살아 계심과 일하심을 보는 기회가 많아졌습니다.

마마 킴의 영적인 모델은 조지 뮬러입니다. 그는 말씀의 사람, 기도의 사람, 고아의 아버지, 기도로 5만 번 응답 받은 사람, 사람에게 구걸하지 않고 오직 믿음으로 하나님께만 구했던 사람으로 알려져 있습니다. 저자의 신앙과 삶은 조지 뮬러와 비슷했습니다. 하나님만 전적으로 믿고 기도하고, 말씀을 철저히 믿고, 그 말씀을 따라 사는 분이었습니다. 저자를 알게 되면서 가졌던 의문이 있습니다. "어떻게 이 많은 일들을 다 할 수 있을까?"

그 비결은 의외로 간단했습니다. 힘들거나 어려운 일이 생기면 더 성경을 읽고 기도한다는 것입니다. 저자는 오직 주님을 의지함으로 문제를 해결하려 합니다. 이런 저자의 믿음에 하나님께서 응답하신다고 봅니다. 그래서 이제는 생각만 해도 하나님이 응답하는 은혜를 누리고 있습니다.

이번에 김상숙 권사님의 새로운 책이 출판되어 무엇보다 기쁩니다. 저자의 가족과 삶 그리고 믿음을 보면서, 사람이 이렇게 아름다울 수 있구나 하는 생각을 합니다. 마마 킴을 통해 하나님께서 하시는 놀라운 기적 같은 일들을 이 책을 통해 확인할 수 있습니다.

저자가 조지 뮬러의 생애를 모델로 삼고, 그를 연구하면서 깨달은 것이 있습니다. 조지 뮬러의 기도 응답 비결은 '성경 읽기'입니다. 그는 성경을 읽으면서 믿음을 갖게 되었고, 말씀에 근거해서 믿음으로 기도할 때 기도 응답을 받았다는 것을 발견했습니다.

그 이후 저자는 성경 읽기에 몰입하고, 함께하는 봉사자들과 제자 훈련 대상자들과 성경을 읽으면서 기적 같은 일들을 많이 체험했습니다. 이 책에서도 성경을 100독을 넘게 하면서 나타났던 기적 같은 하나님의 역사를 소개하고 있습니다.

저자가 이 책을 통해 정말 말하고 싶었던 것은 이것입니다. "하나님께서는 지금도 살아 역사하십니다." 이 책을 통해 수많은 마마 킴들이 생겨나고, 하나님의 영광이 드러날 것을 믿으며 이 책을 적극 추천합니다.

윤재병 목사_이랜드 사목

조지 뮬러가 받은 5만 번의 기도 응답이 과거 완료형이 아니라 현재 진행형이 되어 지금도 날마다 기적을 체험하는 홀리네이션스 선교회의 회장 되시고 한 번도 약속을 어기신 적이 없으신 주님을 찬양합니다!

16년 전에 조성호 장로님, 김상숙 권사님을 만나 홀리네이션스 선교회를 통하여 살아 계신 주님을 만나고 신실하신 동역자들을 만나 제 신앙의 목표와 방향을 정확하게 알게 해 주신 주님의 은혜에 깊은 감사를 드립니다. 한 번도 인간의 감정이나 정에 요구를 하지 않으시고 철저하게 말씀 안에서 몸소 실천하시는 모습에서 많은 도

전과 좋은 영향을 받았습니다.

하나님 사랑 이웃 사랑을 실천하라는 주님의 지상 명령을 홀리네이션스 선교회를 통하여 실천하게 하시고 지경을 넓히시어 이 명령이 세계 열방으로 전개됨을 감사드립니다.

성경 말씀대로 도울 수 없는 인생을 의지하지 않고 전지전능하신 주님을 철저히 의지하면서 한 번도 빚을 지거나 인간의 방법을 동원하지 않았던 선교회 철칙을 앞으로도 이루어 주실 줄로 믿습니다.

이 책을 통하여 많은 분들이 살아 계셔서 역사하시는 주님을 만나시어 소돔과 고모라에 요청되었던 의인 10명의 역할을 감당하시길 기도합니다.

박윤태 장로_홀리네이션스 선교회

김상숙 권사님은 미국계 은행에서 근무하는 남편 조 장로님을 따라 홍콩과 말레이시아에서 사는 동안 현지인들, 그중에서도 어려운 환경에 있는 사람들을 몸소 찾아다니며 영적, 물질적으로 돕고 예수님께 인도하기를 쉬지 않았습니다. 신앙 안에서 명실상부한 '마마 킴'이 되신 것입니다.

홀리네이션스 선교회에서 섬기시면서 권사님은 저희에게 중요한 본을 보여 줬습니다. 그것이 이 책에 고스란히 담겨 있습니다. 몇 가지만 꼽자면 첫째, 오직 하나님만 의지하는 것입니다. 사역자이든 일반 신자든 하나님의 자녀이므로 '아버지' 되신 하나님께 나아가고 공급받는 것이 당연하며, 사람을 의지할 이유가 전혀 없다는 것입니다. 그 견고하고 아름다운 믿음에 하나님은 언제나 신실하고 풍성하게 응답하고 계십니다.

둘째, 자기 자신을 먼저 하나님께 드리는 것입니다. 권사님은 자신을 위해서는 인색하리만치 검소하게 살지만, 사역을 위해서는 재물과 시간을 아낄 줄 모릅니다. 받은 복을 땅이 아니라 하늘에 쌓을 줄 아는 믿음의 지혜를 알고 그것을 실천하며 사십니다.

셋째, 떡과 복음의 사역입니다. 형제자매가 헐벗고 배고파하는데 말만 좋게 하고 끝내 버린다면 아무 유익이 없다고 한 성경의 가르침을 따른 것입니다(약 2:15-16). 소외된 외국인들을 섬기면서 예수님에 관하여 말해 주고 예수님의 향기를 드러내는 데 최선을 다합니다. 그들이 예수님 믿게 하는 것이 최고의 목적이기 때문입니다(마 5:16). 이것이 그들을 진실로 사랑하는 길이라고 믿고 순종하시는 것입니다.

넷째, 말씀과 기도의 삶입니다. 그리스도인이 영적인 생명을 유지하고 활동하려면 영적인 양식을 먹어야 합니다. 말씀과 기도가 영적 양식의 핵심이라는 것은 기독교인이라면 누구나 아는 사실인데 문제는 이 양식을 실제로 잘 먹고 있는가 여부입니다. 권사님은 아무리 바빠도 성경 읽기와 기도를 거르지 않습니다. 그리고 그대로 삶에서 행하십니다. 날마다 성령 충만한 비결일 것입니다.

다섯째, 사람을 키우는 것입니다. 사람을 키워야만 선교가 계속 이어지고, 현지인이 자국민의 문화와 언어를 잘 알기에 그들을 한국에서 장학금을 주어 공부를 시켜 파송하는 일을 했습니다. 선교회가 30명을 신학대학원에서 공부시키고 신앙의 훈련을 시킨 것이 현재 여러 나라에서 풍성한 열매를 맺고 있습니다.

마마 킴 김상숙 권사님과 홀리네이션스 선교회의 사역이 점차 세계 곳곳으로 확장되어 복음의 씨를 쉼 없이 뿌리고 있습니다. 그리고 그 열매가 알알이 맺히고 있습니다. 이번에 김상숙 권사님의 사역과 열매와 믿음이 책으로 출간된 것은 말할 수 없는 기쁨이고 보람입니다. 세밀하게 인도해 주시는 은혜의 주 하나님께 모든 영광을 드립니다.

고석만 선교사, 백경아 목사 부부_ 영국 런던

1장

기도의 시작은
성경입니다

—

그러므로 우리가 여호와를 알자
힘써 여호와를 알자 그의 나타나심은
새벽빛같이 어김없나니 비와 같이,
땅을 적시는 늦은 비와 같이
우리에게 임하시리라 하니라

(호 6:3)

어릴 때부터 교회에 다녔지만 정작 성경을 읽기 시작한 것은 서른 네 살부터였다. 그때 일생에 성경 100독을 해 보자고 작정했는데 그 작정을 정말로 이룰 수 있게 해 주신 하나님께 감사드릴 뿐이다. 처음부터 누가 성경을 작정해서 읽어 보라고 알려 준 것은 아니었다. 다만 당시에 조지 뮬러의 생애를 다룬 글을 읽었는데 그 글에서 그가 평생 동안 성경을 200독 했다는 사실을 알았다. 그러자 그를 일컫는 '5만 번 기도 응답을 받은 사람' 혹은 '기도가 전부 응답된 사람'이라는 표현이 당연하게 여겨졌다. '조지 뮬러는 성경을 그렇게 읽었기에 당연히 그렇게 응답을 받았을 거야. 성경을 읽으면서 하나님의 뜻대로만 기도했겠지'라는 생각이 들었다.

조지 뮬러의 기도가 성경 읽기에서 시작한 것 같이 우리의 기도도 성경 읽기에서 시작해야 한다. 그런 기도를 했을 때 하나님께서 얼마나 놀랍게 응답하시는지 알게 될 것이다.

성경 읽기의 유익은 끝이 없다

성경을 펴서 읽기 시작하니, 더욱 절실히 성경을 읽어야 할 필요가 발등에 떨어졌다. 여전도회에 대해 잘 알지도 못하고 그중 가장 어린 나이인 내가 회장을 맡게 된 것이다. 그때 다녔던 중앙성결교회에서는 여전도회 회원을 심방하면 회장이 예배를 인도하는 관례가 있었는데, 성경을 잘 알지 않고 그 가정에 맞는 말씀을 전할 수 없는 일이었다. 그다음 해에는 남편의 직장 상관의 부인이 부하 직원들의 부인들을 모아 작은 그룹을 만들었는데, 역시 전혀 예상치도 못하게 내게 성경 공부를 인도해 달라는 부탁이 들어왔다.

이렇게 잘 알지도 못하는 숙제를 두 덩어리나 맡자 그저 '성경 한 번 읽어 봐야겠다'는 생각만으로는 할 수 없는 열심을 내게 되었다. 성경을 처음 읽기 시작한 두 해 동안은 빠른 속도로 10독을 했고 그 후부터는 정독을 했다. 그냥 주욱 읽어 내려가는 대신 큐티 노트를 마련해 그날 읽은 본문 중에서 마음에 와 닿은 구절을 '주께서 내게 주시는 말씀'이라고 적었다. 그 밑에는 '주께 드리는 말씀'이라 쓰고 그날 읽은 성경을 근거로 기도문을 적었다. 이런 식으로 한국어 성경과 영어 성경을 읽었고, 말레이시아 말을 배울 때는 말레이시아 성경을 읽었다. 성경을 점점 더 이해하게 되자 장수를 늘려서 읽기 시작했다. 1독을 하는 횟수가 늘어나면서 읽는 속도는 더 빠르게 되었지만 매번 건성으로 읽지 않고 꼼꼼히 읽고 묵상했다. 최근 몇 년간은 하루에 40장 이상을 읽기로 작정해 구약 929장, 신약 260장을 한 달이면 1독을 마치고 일 년이면 12독을 약간 넘긴다. 처음 작정한 이후 이런 식으로 꾸준히 성경을 읽어 100독은 이미 마쳤고, 이제는 200독을 목표로 한다. 현재까지는 138독을 한 상태다.

성경 읽기에 대해 더 이야기하면, 귀로만 듣는 성경은 묵상이 전혀 안되기에 늘 책상에 반듯이 앉아서 성경책을 펴고 그날그날 주님이 가르쳐 주시는 말씀을 읽었다. 몸이 아파서 일어날 수 없을 때도 성경 읽는 것은 중단하지 않았다.

성경을 눈에서 멀리 두거나 손에서 떼려 하지 않았고 말씀을 마음 판에 새기기 위해 암송도 많이 했다. 처음에는 장별로 암송하다가 몇 장 안되는 에베소서, 빌립보서, 갈라디아서, 야고보서 같은 서신서를 암송했고, 나중에는 요한복음 전체 암송을 시도해 보기도 했다. 암송한 성경은 길을 걸을 때나 집 안 청소를 할 때나 다른 일을 할 때 머리로 계속 되새겼다.

이렇게 내 마음 판에 새긴 말씀들은 참 신기하게도 인생에서 수많은 일들을 만날 때마다 마치 컴퓨터의 엔터(enter) 키를 누른 것처럼 튀어나왔다. 아주 다급할 때 주시는 말씀, 앞이 안 보일 때 앞을 보게 하시는 말씀, 위로가 절실할 때 위로를 주시는 말씀, 경험해 보지 않은 일을 할 때 가르쳐 주시는 말씀, 두렵고 약해질 때 하나님이 어떤 분이신지를 알려 주시는 말씀 들이 적절한 때에 절로 마음의 귀로 생생하게 들려왔다. 그날 꼭 필요한 말씀을 해 주시는 것이 참으로 신비했다. 마치 아버지가 내 귀에 대고 들려주시는 것 같았다.

세상 누구도 예외 없이 인생의 진퇴양난을 맞는다. 어떤 길을 선택해야 할지 모를 때도 있고 전혀 해결될 기미가 없는 일도 만난다. 그런데 하나님의 말씀은 우리를 최선의 길로 인도하시기도 하고 합력하여 선을 이루는 방법으로 이끌어 주시기도 한다.

성경 읽는 유익을 나열하자면 끝이 없지만 두 가지를 나누고자 한다. 성경은 사람이 망하는 이유가 환경에 있지 않고 하나님을 아는 지식이 없어서라고 가르쳐 주며 우리에게 다음과 같이 권면한다.

"그러므로 우리가 여호와를 알자 힘써 여호와를 알자 그의 나타나심은 새벽빛같이 어김없나니 비와 같이, 땅을 적시는 늦은 비와 같이 우리에게 임하시리라 하니라 … 나는 인애를 원하고 제사를 원하지 아니하며 번제보다 하나님을 아는 것을 원하노라"(호 6:3, 6).

첫 번째 유익은 하나님이 어떤 분인지 알게 되는 것이다. 하나님은 살아 계시고 언제나 우리를 눈동자같이 지켜보는 분이시다. 성경은 하나님이 자신을 계시하시는 특별 계시이기에 우리는 성경을 통해서 하나님을 알 수 있는데, 우리가 성경을 책꽂이에 꽂아만 두고 펼쳐 보지 않는다면 하나님을 알 길이 없다. 자연 계시 즉 자연을 통해서는 하나님이 계심을 알고, 특별 계시 즉 성경을 통해서는 하나님이 어떤 분이신지를 자세히 알게 하셨는데 그 말씀을 등한히 여기니 하나님을 만날 방법이 차단된 것이다. 처음에는 성경에 써 있는 말이 무슨 말인지 잘 모르다가 10독을 하면서 조금씩 이해가 되고 그 맛을 알게 되었다. 그리고 10독을 마친 후에야 비로소 성경의 저자가 하나님이심이 공감이 되었다. 하나님이 아니시면 이런 책이 만들어질 수 없다고 생각하게 된 것이다.

두 번째 유익은 바르게 기도하는 법을 배우는 것이다. 이것은 생애 최고의 축복 중 하나다. 바르게 구한 기도는 모두 응답을 받았다. 기도하는 사람은 많은데 하나님께서 얼마만큼 기도 응답을 해 주시는지 아는 사람은 참으로 드문 것 같다. 오랜 신앙생활의 기간 동안 성경을 자세히 읽고 묵상하면 할수록 우리 하나님 아버지는 우리의 기도에 늘 귀 기울이심을 본다. 우리의 소원을 멸시치 않으시고 입술의 요구를 거절하지 않으신다는 성경의 약속은 사실이다.

"그의 마음의 소원을 들어주셨으며 그의 입술의 요구를 거절하지 아니하셨나이다(셀라)"(시 21:2).

지나온 세월 동안 하나님께서 응답해 주지 않으셨으면 홀리네이션스 선교회는 아마 오래전에 문을 닫았을 것이다. 아버지께서는 기도를 들어주시겠다는 당신의 약속을 신실하게 지키셨다. 들어주신 기도가 수없이 많기에 나의 경우는 오히려 들어주지 않으셨던 기도가 기억난다. 그런 경우에는 하나님께서 내가 구한 것보다 더 좋은 계획을 갖고 계셨음을 나중에 알게 되었다. 기도 응답을 해 주신 모든 분야는 다음과 같다.

첫째, 외국인 노동자를 섬기는 선교회로서 필요한 막대한 선교비를 채워 주셨다. 언제나 밑 빠진 독에 물을 붓는 것처럼 돈이 필요했지만 모금이나 특별한 사람의 후원 없이 16년 동안 오직 기도로

50억 원도 넘는 물질을 채워 사역하게 하셨다. 빚을 지거나 모금하는 일 없이 하나님만 의지한 결과였다. 그 결과《나는 날마다 기적을 경험한다》를 쓸 수 있었고, 세계의 8개국 선교와 6개의 교회 건축을 지원할 수 있었다.

둘째, 많은 인력과 동역자를 선교회로 보내 주셨다. 예배를 돕는 찬양 인도자와 연주단, 식당 봉사자, 의료진 등 필요한 구성원들을 채워 주셨다. 한결같은 마음을 가진 하나님의 사람들로 최고의 응답을 해 주셨다. 일례로, 선교회를 시작하기 전 일본에서 10여 년을 지내다 우리 집 건너편으로 이사 오신 박윤태 장로님과 외국에서 살다 들어온 우리가 어느 주일날, 같은 교회에 등록하게 하신 것은 정말로 신비했다. 장로님은 주중에 일이 많고 일본과 유럽으로 떠나는 출장도 잦으신데 선교회의 첫날부터 지금까지 한마음으로 선교 현장으로 달려가고 계신다. 하나님께서 보내 주신 수많은 동역자들이 홀리네이션스를 도와주시고, 여러 병원에서 외국인 환자들을 데리고 갔을 때 최선을 다해 협력해 주신다. 참으로 감사하다.

셋째, 외국인 노동자들의 생업과 학업 문제를 신실하게 인도하셨다. E9 비자(제조업, 어업, 농업 등의 비전문 업종에 취직하려는 외국인이 발급받을 수 있는 비자)가 없는 외국인들에게 엄청난 수의 직업을 알선할 수 있도록 해 주셨고, 노동자였다가 신학생이 되기 위해 D2 비자(전문 대학 이상의 교육 기관에서 교육을 받거나 특정 연구를 하려는 외국인이 받을 수 있는 비자)를 받는 경우에도 하나님께서는 신실하게 응답해 주셨다. 제

3세계 출신 노동자들은 모든 서류를 완벽하게 구비해도 인터뷰도 하지 않은 채 돌려보내는 경우가 많은데 말이다.

선교회에서 오랫동안 함께한 동역자들에게 '기적은 상식화'되었고, 일상에서 자주 목격하는 일이었다. 긴급한 상황에 닥쳐 그 문제를 주님 앞으로 가져갔을 때 응답되지 않는 것이 오히려 이상한 일이었지 아버지께서 응답해 주시는 것은 매우 당연했다. 그런데 사람들은 기도 응답을 별로 체험하지 못한다. 나는 오랜 기간 성경을 읽으며 그 이유가 무엇일까 생각했다. 그동안 깨달은 진리를 나눔으로써 이 글을 읽는 모든 분들이 크고 작은 모든 일에 하나님의 응답을 받는다면 좋겠다.

성경이 가르쳐 준 기도의 언어

하나님께서 가장 기뻐하시는 언어는 '감사'다. 나는 이것을 성경에서 배웠다. 감사는 하늘 보좌를 움직인다. 특별히 세상에서 고통이나 환란을 만나도 범사에 감사할 때 우리는 더 큰 기도의 능력을 받고, 응답을 받을 수 있는 비결을 얻는다. 나는 참으로 여러 질병에 많이 걸렸는데 그 가운데서 하나님께 드린 감사의 고백은 놀라운 축복의 응답으로 되돌아왔다.

사람들은 내게 기도 응답을 받는 비결을 많이 묻는다. 기도 응답은 마음의 확신이나 느낌을 초월해서 실제 삶에서 모든 사람들이 목격

할 수 있도록 놀랍게 행하시는 하나님의 역사다. 기도 응답은 하나님의 역사를 함께 볼 수 있는 하나님 자녀의 특권이다. 하나님은 이 글을 읽는 여러분께도 동일하게 역사하기를 원하신다. 하나님은 당신께 나아갈 길을 성경에 자세히 기록해 주셨다. 다만 우리가 그 성경을 등한시하기에 하나님의 역사를 경험하지 못하는 것이다.

우리는 우리 상식으로 이해할 수 없는 문제가 축복을 가져올 수 있는 전주곡임을 전혀 알아차리지 못한다. 그리고 마귀가 좋아하는 불평과 원망과 두려움의 언어로 기도한다. 하지만 아버지가 어떤 분인지를 안다면, 또한 아버지는 감사의 언어를 기뻐하신다는 것을 진심으로 믿고 신뢰한다면 우리는 감사의 언어로 아버지께 기도하게 될 것이다. 그것이 최고로 능력 있는 기도다. 문제가 우리 앞에 태산처럼 가로막고 있는 그 시각에 감사의 언어로 기도했을 때, 아버지께서는 그 태산을 바다로 던져서 우리에게 환희의 선물을 하나 가득 주시곤 했다. 진정한 그리스도인은 성경에 "기뻐하라"라는 단어가 얼마나 많이 쓰여 있는지, 범사에 감사할 수 있는 이유가 얼마나 많은지를 안다.

하나님께서는 우리가 하나님과 진심으로 친밀한 관계를 맺고 그분을 신뢰할 때 우리의 기도를 그대로 들어주신다. 나는 그것을 성경을 통해 배웠고, 내 삶을 통해 목도했다. 한번은 여러 선교사님들과 함께 말레이시아 정글에서 종교 경찰에 잡힌 적이 있다. 무슬림 나라에서 예수를 전했기 때문이다. 그때 선교사님들은 한국 귀국

조치를 받았고, 이후에 이름의 스펠링을 바꾸어 다시 돌아올 수 있었다. 하지만 나만은 말레이시아에서 추방되어 비자가 연장되지 않았다. 그때도 나는 감사했다. 당시에 사람들은 고등학교 다니는 딸과 남편을 남겨 두고(아들은 미국에서 대학을 다니고 있었다) 나 혼자 말레이시아에서 추방되었는데 감사가 나오느냐고 묻곤 했다. "나는 3주 만에 다시 돌아올 거야"라고 말했을 때 말레이시아 청년들 아무도 믿지 않았다. 지금 생각해 보면 내가 3주 만에 돌아갈 수 있을지, 더 장기간이 지나 돌아갈지, 아니면 영영 추방되어 다시는 못 돌아갈지 상황은 불투명했다.

이런 예상치 못한 일들이 닥칠 때 믿음을 지키고 하나님을 신뢰하는 것을 중요하게 생각하기에 성경을 깊게 읽는다. 성경은 살아 움직이는 말씀이라서 살아 계시는 하나님을 신뢰하게 해 준다. 또한 하나님을 기쁘게 해 드리는 단순한 믿음의 의미를 가르쳐 준다.

"믿음이 없이는 하나님을 기쁘시게 하지 못하나니 하나님께 나아가는 자는 반드시 그가 계신 것과 또한 그가 자기를 찾는 자들에게 상 주시는 이심을 믿어야 할지니라"(히 11:6).

하나님께서는 내가 믿음으로 선포한 대로 3주 만에 말레이시아로 돌아가도록 하셔서, 무슬림 나라에서 기죽고 무서워하며 숨어서 예수를 믿던 청년들의 믿음이 일취월장하는 계기로 만들어 주셨다.

이뿐만 아니라 내가 말레이시아에서 추방되는 바람에 하나님께서는 남편이 한국의 새로운 직장을 얻는 선물을 주셨다. 남편은 미국계 은행 서울 지점에서 근무하다 1991년 2월, 퇴직금을 받고 떠나서 홍콩과 말레이시아에서 근무했다. 그러다 이 사건으로 말미암아 다시 퇴직했던 은행으로 들어가게 되었다.

하나님의 일하심이 이렇게 반복되는데 그 무엇이 두렵겠는가? 문제는 주를 믿는 자에게서 나타나는 기쁨에 항복하고 사라지는 것이며 승리는 이미 우리 것이기에 우리는 감사할 수 있었다. 진심으로 믿는 사람만이 '감사'의 언어를 사용할 수 있다.

손가락 네 개가 차문에 끼어서 부러질 뻔했던 일이나 계단을 한 층 굴러서 이마를 다쳤던 일은 한번은 말씀을 전하러 가는 길에, 한번은 새벽 성경 공부를 인도하러 가는 길에 일어났다. 평소에 하나님을 신뢰하는 훈련이 되어 있지 않았다면 "왜 내게 이런 일을?" 하면서 투덜대는 감정이 일었겠지만 하나님은 절대 실수하지 않으심을 성경에서 배우고 삶으로 체험했기에 요동함이 없이 감사할 수가 있었다.

감사가 얼마나 능력 있는 기도인지는 아무리 강조해도 부족할 것 같다. 일반적으로 '다니엘의 기도'라고 하면 우리에게는 '하루에 세 번 기도'가 입력되어 있다. 문제가 생겼을 때 하루 세 번 기도하면 응답을 받을 것으로 생각한다. 하지만 다니엘이 갇힌 사자 굴에서 사자의 입을 막은 것은 내가 읽어 본 바로는 '세 번 감사 기도'다. 기도에 감사가 빠졌다면 세 번이 아닌 300번 기도를 했더라도 응답받지 못했을 것이다.

"다니엘이 이 조서에 왕의 도장이 찍힌 것을 알고도 자기 집에 돌아가서는 윗방에 올라가 예루살렘으로 향한 창문을 열고 전에 하던 대로 하루 세 번씩 무릎을 꿇고 기도하며 그의 하나님께 감사하였더라"(단 6:10).

다니엘은 그가 죽을 수 있는 상황에서도 하나님을 절대 신뢰하였기에 감사할 수 있었다. 능력 있는 감사의 기도를 드리는 그를 감히 사자가 물어 죽일 수 없었다.

또한 요나가 물고기 배 속에서 나온 때도 그가 회개하고 감사 기도를 했을 때였다.

"내 영혼이 내 속에서 피곤할 때에 내가 여호와를 생각하였더니 내 기도가 주께 이르렀사오며 주의 성전에 미쳤나이다 거짓되고 헛된 것을 숭상하는 모든 자는 자기에게 베푸신 은혜를 버렸사오나 나는 감사하는 목소리로 주께 제사를 드리며 나의 서원을 주께 갚겠나이다 구원은 여호와께 속하였나이다 하니라 여호와께서 그 물고기에게 말씀하시매 요나를 육지에 토하니라"(욘 2:7-10).

성경을 읽고 묵상하면서 회개와 감사보다 더 큰 능력의 기도는 없다는 것을 배웠다. 이런 기도를 했을 때 하나님은 언제나 내가 구하는 것이나 생각하는 것보다 훨씬 넘치게 일하셨고, 이를 보고 기뻐하고 늘 놀라면서 내 아버지의 능력에 황홀해하곤 했다. 큰 것이나 작은 것이나 하나님께서는 언제나 동일했다.

외국인 노동자들이 제때 간단한 치과 진료만 받아도 이를 뽑지 않을 수 있는데 이를 뽑을 지경이 되어도 치과에 가지 않는 것을 보고 우리 쉼터에 치과 장비가 있어서 치과 치료를 할 수 있기를 기도드렸다. 치과 의자는 아주 고액이기에 하나님께서 주셔야만 했다. 이 기도를 하자 얼마 후에 치과 선생님 한 분이 치과 장비를 마련해 오셔서 설치까지 다 해 주셨다. 이제는 치과 진료를 해 주실 선생님을 보내 달라고 기도했을 때 이민희 선생님을 보내 주셔서 오랜 세월 자리를 지키고 계심이 감사할 뿐이다.

환자가 치료를 받고 예수님을 만나는 것도 우리에게 감동을 주는데 또 다른 감동은 하나님께서 의료비뿐만 아니라 필요한 모든 것을 마련해 주시는 과정을 지켜보는 것이다. 10년을 동역자로 함께 일하는 이민희 치과 선생님은 《소망구 행복동 사람들》을 읽었는데, 어느 날 우연히 차로 지나가다가 삼위교회 간판이 보였다고 한다. 그 길로 즉시 교회에 들어오게 된 것이 만남의 시작이었다. 그 후 치과를 운영하면서 하나님의 사랑을 나누게 되었고 가정 형편이 어려운 한 사람에게 틀니를 해 주고 다른 한 청년은 부러진 앞니를 치료해 주었다. 많은 사람들을 진료해 주었지만 이 두 사람을 해 준 결과가 하나님 나라의 확장을 도왔기에 두 명의 이야기를 나누고 싶다.

앞니가 부러진 청년은 상당히 잘생기고 머리가 좋다. 원래는 성격도 밝았다고 하는데 가정의 여러 가지 문제가 이 청년을 심한 우울증을 앓게 만들었고 결국 아무런 의욕을 갖지 못해 고등학교를 중퇴하고 군대를 다녀왔다. 제대 이후 청년의 친구가 나에게 청년을 소개해 줬다. 그때부터 지금까지 약 8년을 교제를 하고 있다. 한 번은 이 청년이 고등학교 검정고시를 몇 주 남겨 놓은 상태에서 같이 기도를 하는 중 내가 전적으로 자신을 믿고 있다는 것을 알게 되었다. 이 청년은 속으로 깜짝 놀라 자신을 믿어 주는 나에게 고마움을 느꼈고 오랫동안 안 해왔던 공부를 남은 몇 주동안 최선을 다했다. 그 결과 검정고시에 합격했다. 감사하고 놀라웠다.

그리고 일을 시작하면서 자신의 앞니 치료비가 당시에 얼마였던 것을 기억하고 그 돈을 갚았다. 치료비를 받은 이민희 선생님은 그 돈은 이미 받은 것이라며 외국인 환자를 고치는데 헌금을 하여 또 다시 감동을 주었다. 이 청년은 그것뿐만 아니라 자신에게 용돈을 주었던 집사님에게도 열심히 일한 돈으로 다시 사랑의 빚을 갚았고 선교회에 헌금도 했다. 용돈을 주었던 집사님도 그 돈을 이웃 사랑에 다시 헌금했다.

틀니를 해 준 분의 아들은 첫 월급을 전액 헌금했다. 이 아들은 늘 힘을 다해 헌금에 우선순위를 두었다. 위에 소개한 앞니가 부러진 청년과 친한 친구 사이로, 청년을 내개 소개해 준 장본인이다.

김장 김치가 필요할 때 방문객이 김치를 한 박스 가져온 일이나, 가난한 한국인 가족들에게 사골을 돌리고 싶을 때 우리 예배에 처음 방문한 목사님이 당신의 교회 성도가 예배 후 필요한 곳에 쓰라며 보낸 사골을 가져오신 일 등을 겪으면서 늘 필요를 채우시는 하나님을 보는 기쁨을 느꼈다.

성경이 가르쳐 준 믿음의 길

왜 사람들은 가까이 계시는 하나님께서 늘 우리가 생각하는 것이나 구하는 것보다 넘치게 주시는 응답을 체험하지 못하는 것일까? 어째서 늘 허공을 치는 기도만 하는 것일까? 우리는 외국인 쉼터 사역을 하니까 생기는 일일까? 아니다. 내가 개인적으로 필요로 한 것도 언제나 때에 맞게 주셔서 여태껏 살아왔다. 한번은 비타민을 한 개 살까 하다가 그냥 집으로 돌아온 적이 있었는데 저녁에 들어온 남편의 손에 내가 살까 고민했던 그 비타민 두 개가 들려 있었다. 남편의 친구가 내게 전해 주라며 들려 보낸 것이다. 나는 개인적으로 내것을 잘 사지 않는 편인데 언젠가 기초 화장품이 필요한 때가 있었다. 무슨 일로 극동방송 김성윤 부장님을 만나고 헤어지는데 부장님이 건네신 쇼핑백 속에 정확히 내가 필요로 한 화장품이 들어 있었다. 이 밖에도 정말 많은 경험들이 있는데 단지 몇 가지만 나누었다.

하나님과 친밀한 관계를 맺는 데 중요한 것은 '믿음'이다. 영접하고 믿는 자에게 하나님의 자녀가 되게 하셨고(요 1:12) 그 자녀는 믿음으로만 하나님을 기쁘시게 할 수 있다(히 11:6). 우리가 기도할 때는 믿고 구해야만 하는데 바로 그 믿음이 없는 것이다.

"너희가 기도할 때에 무엇이든지 믿고 구하는 것은 다 받으리라 하시니라"(마 21:22).

교회에 다니면 당연히 믿는 것으로 생각하는데 전혀 그렇지 않다. 내 영혼 깊은 곳에서 하나님을 하나님으로 알지 못하면서 나의 인생을 전부 맡길 수 있는 믿음은 없다. 만일 진짜 믿음이 있다면 우리는 하나님이 기뻐하는 것만 순종하고 따라갈 것이다. 다니엘처럼 죽음 앞에서도 감사할 수 있고 히브리서 11장에 열거된 믿음의 사람들처럼 삶으로 그 믿음을 보여 줄 것이다. 이것은 특별한 사람에게만 주어지는 은사가 절대 아니다. 하나님의 말씀을 믿는다면 무엇을 먹을까 무엇을 입을까 걱정하지 않을 것이다. 내 필요를 이미 아버지께서 아시기 때문이다. 약속을 지키시는 아버지라고 진심으로 믿는다면 나는 아버지를 온전히 따라가며 자유함을 누릴 것이다. 이것이 참된 구원이다.

진리는 나를 자유하게 해 주는데 왜 나는 자유하지 못하고 전전 긍긍하면서 "나는 믿거든요?"라고 고백하는 것일까? 내 아버지가 누구인지를 아는 사람이 걱정 속에서 산다면, 그 사람은 진심으로 믿는 것일까? 믿음을 얻는 길은 성경에 이렇게 기록되어 있다.

"그러므로 믿음은 들음에서 나며 들음은 그리스도의 말씀으로 말미암았느니라"(롬 10:17).

이 말씀은 직접 묵상하고 듣는 것을 강조하며 "청종하라"고 가르쳐 준다. 주일날 한 번 들은 설교로 일주일을 버티는 것이 아니고 복 있는 자처럼 주야로 말씀을 묵상해야 함을 성경은 가르쳐 준다. 묵상 없이 속독을 하거나 성경을 귀로만 들으면 하나님이 어떤 분이신지 알 수 없으며, 이런 상태에서는 세상을 이길 믿음이 절대 생기지 않는다. 믿고 구하면 받으리라는 말씀에 미치지 못하는 것이다.

기도 응답은 느낌이 아니라 확실한 말씀이다

"하나님의 말씀은 살아 있고 활력이 있어 좌우에 날선 어떤 검보다도 예리하여 혼과 영과 및 관절과 골수를 찔러 쪼개기까지 하며 또 마음의 생각과 뜻을 판단하나니"(히 4:12).

하나님께서는 우리에게 성경을 통해 응답하신다. 살아 계신 하나님께서 정확하게 내 귀에 직접 대고 말씀하시는 것과 같다. 어떤 분은 기도한 후 확신을 얻었다고 자신의 느낌을 이야기하는데 자신의 느낌이나 생각을 의지하면 실수를 많이 하게 된다. 하지만 기록된 하나님의 말씀은 성령의 감동으로 되었기에 개인의 느낌보다 확실한 결과를 얻게 된다. 경험한 이야기를 몇 가지만 나눈다.

김원호 선교사님이 20여 년 만에 터키에서 한국으로 오셔서 전화를 하셨다. 다음 주일에 우리 선교회에 오시겠다고 말씀하셔서 참으로 반가웠고, 20여 년 전 하나님께서 이루어 주신 교회가 생각났다. 1992년에 목사님 두 분과 터키에 가게 되었다. 30여 명으로 이루어진 교인들은 무슬림 나라에서 헌신을 다해 자신들의 예배 장소를 위해 기도하고 있었다. 정교회 건물을 빌려 예배를 드리던 이분들은 정교회 예배가 늦게까지 계속되면 예배가 끝날 때까지 밖에서 기다려야 하는 불편함이 있었다. 예배 장소를 위해 최선을 다해 헌금을 한 상태였는데도 금액이 턱없이 모자랐다. 이 사정을 전해 들은 목사님 중 한 분이 마음에 감동함이 있으셨는지 터키의 교회 건축 헌금을 작정하고 언제까지 송금해 주겠다고 약속하셨다. 나는 이 일을 옆에서 지켜보고만 있었다.

다음 날 새벽, 평소처럼 차례로 성경을 읽는데 그날 읽은 말씀 중에 이 구절이 있었다.

"너희가 짐을 서로 지라 그리하여 그리스도의 법을 성취하라"(갈 6:2).

마치 내 귀에 대고 하시는 말씀 같았다. 이 말씀을 붙들고 3일 금식 기도를 했다. 그리고 곧바로 하나님께서 직접 이 일을 행하시는 것을 보았다. 터키에 교회가 바로 세워졌다. 그리고 훗날 김원호 선교사님은 그 교회가 나중에 또 다른 교회를 개척했다는 감사한 소식을 전했다.

언젠가 한 교회에서 청년부를 맡은 적이 있는데, 그때는 정말 그 청년부가 부흥될 것 같지 않았고 몇 안되는 청년들은 도저히 변화하지 않을 것만 같았다. 그럼에도 청년들을 위해 기도하였고 하나님께서 역시 성경을 차례대로 읽는 가운데 말씀해 주셨다.

"주의 권능의 날에 주의 백성이 거룩한 옷을 입고 즐거이 헌신하니 새벽이슬 같은 주의 청년들이 주께 나오는도다"(시 110:3).

이 말씀을 붙잡고 새벽이슬 같은 청년들을 눈에 보는 듯한 마음으로 계속 기도할 수 있었다. 하루는 새벽 기도를 마치고 교회에서 나오는데 처음 보는 한 청년이 내 옆 좌석에서 기도하고 나가면서 내게 말을 걸었다. 자신은 서울교대 학생인데 그 주일에 교대 안의 신우회 모임에 한번 와 줄 수 있겠느냐는 것이었다. 쾌히 가겠다고 약속하고 방문한 신우회에는 많은 청년들이 모여 있었다. 은혜가 가득했던 모임 후 돌아온 그다음 주일, 놀랍게도 신우회 청년들 모두가 교회로 출석했다. 그들은 곧 성가대원으로, 주일학교 교사로 헌신했다. 하나님께서 주신 말씀대로 새벽이슬 같은 청년들이 즐거이 헌신하는 모습을 보게 된 것이다. 그때 만난 청년 중에 권수영 집사님과 이미숙 집사님은 지금까지도 교제를 이어 가고 있다. 이렇게 말씀은 정확하고, 하나님께서는 말씀으로 그분의 뜻과 기도의 응답을 전해 주신다.

남편의 직장이 이동해 홍콩으로 두 번째 떠날 때의 일이다. 출국하기 전에 살던 아파트를 세놓고 떠나야 하는데 아무도 집을 보러 오지 않았다. 아이들이 국제 학교에 들어가야 하는 날을 더 이상 미룰 수가 없어 믿음으로 비행기 표를 먼저 예약했다. 출국 날짜가 열흘 앞으로 닥친 날이었다. 그날 아침에도 성경을 읽는데 하나님께서 주신 말씀이 내 심장을 울렸다.

"내 속에 근심이 많을 때에 주의 위안이 내 영혼을 즐겁게 하시나이다"(시 94:19).

그 말씀을 읽고 "주님, 오늘 이 말씀대로 해 주실 것을 믿습니다. 오늘이군요"라고 믿음의 선포를 했다. 그러고 나자 두 군데 부동산을 통해 두 분이 동시에 집을 보러 왔고, 그중 한 분이 다른 분이 계약할까 봐 집을 보고 나서자마자 계약을 하겠다고 해 다시 한 번 주님이 응답하심을 볼 수 있었다.

여기서 나눈 몇 가지 이야기 외에 살면서 받은 응답이 무수히 많다. 내 성경책에는 그날 받은 말씀이 그대로 이루어진 날의 날짜가 많이 기록되어 있다.

이렇게 하나님께서는 말씀으로 우리에게 응답해 주신다. 조지 뮬러 또한 말씀에 근거해서 기도한 사실이 그의 책에 자세히 기록되어 있다. 그가 나의 멘토이기에 배운 것이다. 먼저 성경을 읽어 가다가 그 말씀을 묵상하면서 그 말씀에 근거한 약속을 붙잡고 기도하면, 그러한 기도는 전부 응답되어 놀라운 하나님의 사랑의 통로로 살 수 있는 근거가 된다.

한 가지 주의할 점은 마치 오늘 무슨 말씀으로 내 급한 일의 불을 꺼 주시려나 하는 식으로 성경을 읽는다면 아무 응답도 체험하지 못하리라는 점이다. 늘 아버지의 뜻을 행하기를 기뻐하는 마음, 말씀을 청종하고 순종하려는 자세가 없이 무당 점치듯 성경을 대한다면 어떤 해답도 주시지 않는다. 평소에 다른 것 말고 하나님을 기쁘게 하는 삶을 살기를 바라며 이런 고백의 찬양을 해 보라. "나 주님의 기쁨 되기 원하네. 나의 모든 것 받으소서. 내가 원하는 한 가지 주님의 기쁨이 되는 것." 진실한 고백이 주님께 상달된다면 그 어떤 장애물도 사라질 것이다.

"또 여호와를 기뻐하라 그가 네 마음의 소원을 네게 이루어 주시로다"(시 37:4).

2장

'진짜' 믿으면
행동으로
나타납니다

—

이르되 당신의 여종이 당신께 은혜 입기를
원하나이다 하고 가서 먹고 얼굴에
다시는 근심 빛이 없더라
(삼상 1:18)

기도에 관한 많은 책에서 '믿고 구하면 받는다'고 이야기한다. 문제는 자신이 진짜 믿는지 아니면 입술로만 "아멘"하는지를 잘 모른다는 점이다. 현실에서 어떤 문제에 부닥쳤을 때 자신의 마음이 요동하는지 그렇지 않은지를 시험해 보면 '참믿음'과 '가짜 믿음'을 진단할 수 있다.

예를 드는 것이 이해가 쉬울 것이다. 한번은 매달 많은 액수의 헌금을 정기적으로 보내온 세 군데에서 동시에 지원을 끊었다. 140만 원, 100만 원, 125만 원을 지원한 곳이었는데 100만 원을 보내오던 교회는 담임 목사님이 바뀌자마자 선교 헌금을 중단했고, 125만 원을 보내오던 분은 우리 선교회가 아닌 다른 곳을 지원하기로 한 것이었다.

이런 상황에서 전혀 마음이 요동하지 않을 수 있을까? 선교를 하든 개인 사업을 하든 아니면 직장 생활을 하든 성경은 늘 현실 가운데서 하나님만 의지할 것을 가르쳐 준다.

"귀인들을 의지하지 말며 도울 힘이 없는 인생도 의지하지 말지니 그의 호흡이 끊어지면 흙으로 돌아가서 그날에 그의 생각이 소멸하리로다"(시 146:3-4).

시편 말씀은 어떤 경우에도 사람을 의지하지 말라고 가르치는데, 사람은 마음이 바뀔 수 있고 바뀌지 않더라도 상황이 어려워지면 우리를 도울 수 없기 때문이다. 오직 전능하신 우리 아버지에게서만 우리의 능력이 나온다. 주님만을 바라보며 걸어간다면 "하나님 한 번도 나를 실망시킨 적 없으시고"라고 찬양하며 행진을 계속할 수 있다.

참믿음이 없이 자기 생각대로 인생을 살아간다면 우리는 항상 흔들릴 것이다. 믿음이 없기에 "믿고 구하면 받는다"는 말씀에도 불합격하고 주님 앞에 있는 충만한 기쁨과 주님 우편에 있는 영원한 즐거움도 맛보지 못하고 병들어 버릴 것이다. 어떠한 상황에도 요동하지 않는 믿음을 소유하지 못한다면 우리는 "육체도 안전히 살리니"(시 16:9)라고 고백할 수 있는 특권을 누리지 못할 것이다.

선교 현장에서 받는 가장 큰 축복은 진심으로 단순하게 믿고 순종하는 사람에게 보이는 살아 계신 주님의 임재다. 우리 아버지는 우리가 구하는 것이나 생각하는 것보다 넘치게 주시는 분이라고 성경에 쓰여 있다. 믿고 구하는 것은 다 받으리라고 하였는데 바로 그 믿음이 들음에서 나고 성경을 읽고 묵상하는 데서 나온다. 이러한 성경에 쓰인 약속들을 '진짜' 믿고 있는지 점검해 볼 필요가 있다.

중요한 것은 '진짜 믿는 것'

우리는 설교 중에 목사님이 "믿습니까?"라고 물으시거나 "믿으시기 바랍니다"라고 권면하면 "아멘!"이라고 화답하곤 한다. 그런데 중요한 것은 '진짜 믿는 것'이다. 상황을 보지 않고 정말 주님을 바라보기 위해서는 우리의 의식 구조가 믿음의 의식 구조로 바뀌어야 하고, 보이는 현실이 아닌 주님의 말씀이 우리 마음 판에 새겨 있어야 하며, 그 말씀을 우리 인생의 네비게이션 삼아 따라가는 훈련이 필요하다.

하나님께서는 아브라함에게 아들 한 명만 있어도 감지덕지할 터인데 하늘의 별, 땅의 모래같이 많은 자손을 약속하셨다. 이것이 아버지의 언약이고 한 번 언약하신 것은 변하지 않는다. 하지만 그 언약대로 받기 위해서는 '믿음의 테스트'를 합격해야 했다. 창세기 12장에서 22장의 이야기를 보면 이 테스트에 합격하기까지 아브라함이 중간시험에 몇 번의 낙제 점수를 기록한 것을 볼 수가 있다. 그는 기근이 들었다고 애굽으로 내려갔고, 바로 앞에서 두 번이나 아내를 누이라고 하였으며, 하나님의 약속을 기다리지 못하고 하갈을 통하여 이스마엘을 얻었다. 아브라함이 많은 자손을 주시리라는 하나님의 언약을 비로소 믿고 이삭을 바치는 행위로 옮겼을 때 '믿음의 합격 점수'를 받았다. 그때 하나님께서 아브라함에게 합격 선포를 해 주셨다.

"사자가 이르시되 그 아이에게 네 손을 대지 말라 그에게 아무 일도 하지 말라 네가 네 아들 네 독자까지도 내게 아끼지 아니하였으니 내가 이제야 네가 하나님을 경외하는 줄을 아노라"(창 22:12).

한나도 계속 근심하며 울었다면 그는 믿음의 합격 점수가 미달되어 사무엘을 얻지 못했을 것이다. 한나의 믿음은 그의 행동에서 나타났다.

"이르되 당신의 여종이 당신께 은혜 입기를 원하나이다 하고 가서 먹고 얼굴에 다시는 근심 빛이 없더라"(삼상 1:18).

기도하면서도 계속 근심한다면 그것은 진짜 믿음이 아닌 것이다. 한나의 이야기를 통해서도 역시 구하는 것이나 생각한 것보다 넘치게 주신 하나님을 볼 수가 있다. 하나님께서는 아들 한 명만으로도 황송해했을 한나에게 세 아들과 두 딸을 더 주셨다.

"여호와께서 한나를 돌보시사 그로 하여금 임신하여 세 아들과 두 딸을 낳게 하셨고 아이 사무엘은 여호와 앞에서 자라니라"(삼상 2:21).

하나님께서는 오늘날 우리에게도 동일하게 역사하신다. 내 책《날마다 기적을 경험한다》를 읽으신 분들은 내가 인도에 가고 싶어서 일 년 동안 기도한 이야기를 알고 계실 것이다. 그 과정에서 나 역시 믿음의 테스트에서 합격 점수를 받아야 했다.

남편은 다른 나라에 출장을 갔다 오면 항상 그 나라의 이야기를 해 주곤 했다. 그중 인도를 다녀오면 늘상 인도의 굶주린 사람들의 이야기를 들려주었다. 나는 인도에 간절히 가고 싶었다. 그래서 하나님께 "제가 인도에 가는 것이 하나님의 뜻이라면 제게 비행기 표를 주세요"라고 일 년 동안 기도했다.

남편 은행의 직원들 중 '알록 코차'라는 인도인이 있었다. 인도 출장 일정이 잡히면 다른 직원들은 "아휴, 인도 가기 싫어"라고 투덜댔는데 나의 남편은 "내 아내는 간절히 인도를 가고 싶어 해요"라고 하자 알록 코차는 인도 항공사에서 얼마 이상의 금액을 인도 은행에 저금한 인도 부자에게 무료로 제공하는 비행기 표를 내게 주었다. 그 비행기 표를 받고는 뛰듯이 기뻤다. 그 표는 유효 기간이 매우 밭은 데다 비즈니스 클래스 이상의 표를 가진 사람의 동반자로서 탑승할 수 있는 비즈니스 클래스 표였지만 말이다.

만약 이런 표가 쥐어졌다면 어떤 반응을 보이기 쉬울까? "뭐야? 이코노미 클래스로 인도에 가겠다는 사람도 없을 판국에 비즈니스 클래스로 인도에 가는 사람과 함께 가야 한다고? 이 비행기 표가 하나님 응답이라고? 사용할 수도 없을 텐데…"라고 반응하는 게 쉽지 않을까?

이것이 바로 믿음의 테스트인 것이다. 나는 "하나님께서 응답으로 비행기 표를 주셨으니 이것도 해결해 주실 것을 믿습니다"라는 믿음의 답안지를 썼다. 포기하는 마음 대신 기대하는 마음이었다. 그러자 남편의 인도 출장이 비행기 표 유효 기간의 하루 전으로 잡혔고, 남편에게는 출장할 때 으레 제공되는 비즈니스 클래스 표가 주어졌다. 두 가지 난관, 즉 비즈니스 클래스 탑승자와 표의 유효 기간이 모두 해결된 것이다. 게다가 호텔도 무료로 남편과 함께 쓸 수 있게 되었다. 할렐루야! 그때 비행기에 올라 감격스러워했던 순간이 떠오른다.

여기서 주목할 것은 믿음의 테스트를 통과하기 전에 미리 '남편의 출장'이라는 해결책이 주어진 것이 아니고, 아무 방편도 없는 상황에서 하나님께 먼저 믿음의 답안지를 드렸다는 사실이다. 내게는 비행기 일반석도 감사한데 하나님께서는 호텔까지 무료로 제공해 주셨고 그곳 슬럼가의 아이들을 하나님께서 품으시는 것도 보여 주셨다. 슬럼가의 아이들, 근처에서 물 한 모금도 마시기 힘든 그곳에서 사는 아이들에게 어떻게 하면 하나님이 그들을 사랑한다 사실을 전할 수 있을까? 기도하는 중에 하나님께서는 그곳의 교회를 단지 교회로만 사용하지 않고 주중에는 학교로 활용하도록 오픈하게 하셨다. 아이들이 주중에는 학교로, 주일에는 교회로 모이게 하신 것이다. 그 건물을 완성하는 것도 역시 하나님께서 직접 하셨다. 나는 일 년 후에 그곳을 다시 방문하여 하나님께서 하신 일에 영광을 돌려 드렸다.

우리가 받지 못하는 이유는 하나님이 얼마나 넘치게 응답하는 분이신지 알지 못하고, 우리의 믿음을 진짜 행동으로 보이지 못하기 때문이다. 하나님께서 주시는 넘치는 응답이야말로 우리가 기쁨으로 신앙의 여정을 걷게 하는 에너지의 원천이다.

수많은 분들을 상담하면서 가장 많이 받은 질문 중 하나가 '현실

속의 물질 문제'다. 살림살이를 꾸리는 일반 성도는 물론 사역을 하는 분들도 마찬가지다. 물질이라는 여리고 성 앞에서 늘 '하나님은 이 세상 끝 날까지 나와 함께하신다고 약속하셨는데 정말 사실인가?'라고 의문을 갖는다. 성경에는 하나님의 뜻과 하나님의 시행 방법이 다 쓰여 있는데 그것을 자세히 묵상하지 않기 때문에 하나님의 약속을 전혀 보지 못하는 것이다. 성경에는 하나님께서 분명 풍성하게 채우신다고 약속하셨다.

"나의 하나님이 그리스도 예수 안에서 영광 가운데 그 풍성한 대로 너희 모든 쓸 것을 채우시리라"(빌 4:19).

아브라함은 하늘의 별, 땅의 모래같이 많은 자손을 하나님께 약속받은 후에 독자인 이삭을 바침으로 믿음의 테스트를 합격했다. 물질의 문제에서도 하나님께서 풍성한 대로 우리 쓸 것을 채우신다는 믿음의 합격을 받으려면 다음의 말씀을 믿고 통과하는 절차가 필요하다.

"주라 그리하면 너희에게 줄 것이니 곧 후히 되어 누르고 흔들어 넘치도록 하여 너희에게 안겨 주리라 너희가 헤아리는 그 헤아림으로 너희도 헤아림을 도로 받을 것이니라"(눅 6:38).

아버지께서는 헤아리지 말고 먼저 주라고 하신다. 그러면 우리에게 줄 것을 후히 되어 누르고 흔들어 넘치도록 하여 우리에게 안겨 주시겠다고 하신다. 성경에는 이 시험에 합격한 롤 모델로 다른 사람들은 비가 오지 않아 굶어 죽을 판에 가루와 기름이 마르지 않는

상을 받은 사르밧 과부가 등장한다. 가뭄이 극심한 때, 자신과 아들이 마지막으로 먹고 죽으려고 통에 남은 가루 한 움큼과 병의 기름 조금으로 만든 음식을 엘리야에게 대접하는 '믿음의 답안지'를 행동으로 내놓지 않았다면 다음에 이어지는 하나님의 역사를 과부는 보지 못했을 것이다.

"그가 이르되 당신의 하나님 여호와께서 살아 계심을 두고 맹세하노니 나는 떡이 없고 다만 통에 가루 한 움큼과 병에 기름 조금뿐이라 내가 나뭇가지 둘을 주워다가 나와 내 아들을 위하여 음식을 만들어 먹고 그 후에는 죽으리라 엘리야가 그에게 이르되 두려워하지 말고 가서 네 말대로 하려니와 먼저 그것으로 나를 위하여 작은 떡 한 개를 만들어 내게로 가져오고 그 후에 너와 네 아들을 위하여 만들라 이스라엘의 하나님 여호와의 말씀이 나 여호와가 비를 지면에 내리는 날까지 그 통의 가루가 떨어지지 아니하고 그 병의 기름이 없어지지 아니하리라 하셨느니라 그가 가서 엘리야의 말대로 하였더니 그와 엘리야와 그의 식구가 여러 날 먹었으나 여호와께서 엘리야를 통하여 하신 말씀같이 통의 가루가 떨어지지 아니하고 병의 기름이 없어지지 아니하니라"(왕상 17:12-16).

만약 사르밧 과부가 "해도 너무하시지. 나에게 많은 것이 있다면 당연히 할 수 있죠. 다른 데 가서 구하세요. 벼룩의 간을 빼먹지 나한테 하라고요?"라고 투덜대고 행동으로 진짜 믿음을 보이는 데 합격하지 못했다면 자신의 일이 영광스럽게 성경에 기록되지 못했을 것이다.

행동으로 보여 주지 못하는 믿음은 죽은 믿음이고 그 믿음의 점수는 낙제점이다. 믿음의 테스트를 통과하지 못한다면 우리는 후히 누리도록 넘치게 안겨 주시는 그리스도의 측량할 수 없는 풍성이 무엇인지를 영원히 모르고 세상을 떠날 것이다. 성경을 읽고 묵상하면서 배운 이 사실을 내 개인의 삶이나 선교회의 운영에 적용한 결과 홀리네이션스 선교회는 결코 사람에게 구걸하지 않아도 하나님께서 직접 공급자가 되어 주셨음을 증명해 보일 수 있었다.

사람들은 "하나님이 주시면 이런 좋은 목적을 위해 사용하겠다고 기도하는데 왜 안 주실까요?"라고 묻는다. 나는 "주님은 먼저 심으라고 가르쳐 주고 계세요"라고 성경에 근거한 대답을 해 드린다.

"이것이 곧 적게 심는 자는 적게 거두고 많이 심는 자는 많이 거둔다 하는 말이로다 각각 그 마음에 정한 대로 할 것이요 인색함으로나 억지로 하지 말지니 하나님은 즐겨 내는 자를 사랑하시느니라 하나님이 능히 모든 은혜를 너희에게 넘치게 하시나니 이는 너희로 모든 일에 항상 모든 것이 넉넉하여 모든 착한 일을 넘치게 하게 하려 하심이라"(고후 9:6-8).

성경 암송으로 키우는 믿음

돈을 생각지 않고 외국인 환자들을 늘 따뜻하게 맞이해 준 김현아 치과 선생님은 사십 대 중반이 되어 전혀 예상치 못했던 간암 진단을 받고 수술을 하게 됐다. 나는 수술한 다음 날 병실에서 선생님을 뵀다. 수술을 받은 지 얼마 안 되어 당연히 힘든 상황일 텐데 선생님은 입원해 있을 때 로마서 8장을 암송할 것이라고 말해 나를 놀라게 했다. 다른 사람들은 그런 상황에 병문안을 가면 신세타령을 크게 하는데 전혀 그런 모습이 아니었다.

선생님은 평상시에도 항상 긍정적이고 밝고 명랑한 하나님의 자녀다운 모습을 가지고 있었다. 외국인들 치과 진료를 기쁘게 해 주셨고, 곧 결혼을 할 예정인데 앞니가 빠져 자존감이 너무나 낮아 있었던 한 캄보디아인의 이를 해 주기도 했다. 간암 수술을 받으라는 말을 듣고도 침착하게 일 처리를 해 나간 선생님을 지켜보니 똑같은 상황도 어떤 마음을 가지고 대하느냐에 따라 정말 다른 결과가 나타남을 알게 됐다. 선생님은 아픈 가운데서도 기쁨과 마음에 즐거움을 주는 처방전을 따랐다. 로마서 8장 전체를 암송해 주의 말씀을 꼭꼭 씹어 먹으면서 묵상을 하니 경과가 빨리 좋아져서 수술한 다음 주에 퇴원을 했다.

로마서 8장은 같이 성경 공부한 모든 분들에게 암송할 것을 권했다. 대학부를 맡았을 때, 청년부를 맡았을 때, 홍콩에서 팀으로 함께 성경 공부할 때, 그리고 현재 사역을 같이하는 분들과 암송을 하다 보니 내 자신이 먼저 참된 복음의 진수를 조금씩 깨달아 가며 우리 아버지께서 어떤 사랑으로 우리를 구원하셨나를 배우게 되었다. 성경을 그냥 읽는 것과 달리 암송은 같은 내용을 반복해서 새기게 된다. 이렇게 하나님 말씀을 얻어먹는 기쁨과 마음의 즐거움이 우리의 육체도 강건하게 만드는 것을 본다.

"만군의 하나님 여호와시여 나는 주의 이름으로 일컬음을 받는 자라 내가 주의 말씀을 얻어먹었사오니 주의 말씀은 내게 기쁨과 내 마음의 즐거움이오나"(렘 15:16).

마음의 소원을 하나님의 기쁨에 두는 믿음

"나를 사랑하는 자들이 나의 사랑을 입으며 나를 간절히 찾는 자가 나를 만날 것이니라"(잠 8:17).

"여호와의 눈은 온 땅을 두루 감찰하사 전심으로 자기에게 향하는 자들을 위하여 능력을 베푸시나니 이 일은 왕이 망령되이 행하였은즉 이후부터는 왕에게 전쟁이 있으리이다 하매"(대하 16:9).

하나님과 사랑의 친밀한 관계를 맺고, 살아 계신 하나님을 만나기를 전심으로 바라며, 하나님을 향하는 자들에게는 그들이 무엇을 구하기 전에 하나님께서 능력을 베푸시는 것을 늘 볼 수가 있었다. 하나님은 그들에게 "네 소원이 무엇이냐?"라고 먼저 물으셨다. 실례를 들어보면 훨씬 더 공감이 될 것이다. 에스더 왕비가 3일 금식 기도를 하고 왕 앞에 나갔을 때 그 모습이 아름다워서 왕은 왕비에게 이렇게 말을 했다.

"왕이 이르되 왕후 에스더여 그대의 소원이 무엇이며 요구가 무엇이냐 나라의 절반이라도 그대에게 주겠노라 하니"(에 5:3).

한국에서 난민 비자를 취득해 거주하는 한 외국인 부부가 있었다. 이 외국인 부부는 우리가 외국인 노동자들이 아프면 비용을 들여 고쳐 준다는 걸 알고 자기 동향 사람이 병이 나면 수시로 데리고 찾아왔다. 입원 수술을 하게 되면 일인당 몇 백만 원이 드는 환자들도 수도 없이 데리고 왔다. 평소에는 교회에 나오지도 않다가 꼭 환자가 생기면 웃으며 교회에 나타나고, 병원비를 우리가 계산하면 교회에 발을 뚝 끊었다가 다시 환자를 데리고 나타나기를 약 10년 동안 반복했다. 그 부부의 행동을 10년을 지켜보니 어느 날은 더 이상 해 주고 싶은 마음을 가질 수가 없었다. 우리가 두 손 두 발을 다 들도록 만든 것이다.

반면 아프리카의 가난한 나라 가나에서 온 알렉스라는 친구가 있다. 한번은 삼위교회 김 집사님이 봉고차에 우리 권사님들과 알렉스를 태우고 함께 가던 도중에 교통사고를 냈다. 그 당시 알렉스는 자신도 다쳐서 아프면서도 권사님들께 달려가 말도 통하지 않으면서 허리와 발을 주물러 주며 병원에 갈 때까지 도와주었다. 그는 다른 사람에게 도움을 요청하기보다 남을 도우며, 힘들게 번 돈으로 십일조를 하는 등 늘 아름다운 그리스도인의 모습을 보여 주었다.

외국인 부부와 알렉스가 하나님께 기도를 드리면 하나님께서는 어느 편의 기도를 들으실까? 자신의 유익만을 구하며 하나님을 무슨 물주로 여기는 사람과 하나님의 뜻을 향하며 하나님을 사랑하는 사람의 기도는 내용이 전혀 다를 것이다. 예수님은 이렇게 가르쳐 주신다.

"나를 보내신 이가 나와 함께하시도다 나는 항상 그가 기뻐하시는 일을 행하므로 나를 혼자 두지 아니하셨느니라"(요 8:29).

"그가 기뻐하시는 일을 행하므로." 이 말씀을 묵상하니 다시금 '순종한 만큼 하늘 문이 열린다'고 한 어느 신앙인의 믿음의 고백이 정말 옳다고 공감하게 된다.

야구를 잘 모르는 기독교인들에게도 〈주님의 선발 투수〉라는 유튜브 동영상으로 많이 알려진 한 메이저 리그 선수의 이야기를 나누고 싶다.

미국 하이랜드 파크 고등학교에서 한 선생님이 어느 학생에게 물었다.

"너는 꿈이 뭐니?"

"메이저 리그 선수가 되는 거예요."

"그건 하늘의 별 따기처럼 힘든 일인데? 백만 명 중에 한 명이나 될 수 있는 거란다."

소년이 부끄러워하자 선생님은 그에게 성경적인 가르침, 바로 믿음은 바라는 것들의 실상이라는 말씀에 근거한 가르침을 주었다.

"백만 명 중에 한 명이 바로 자신이라고 믿으면 그렇게 된단다."

그리고 덧붙여 말했다.

"자신을 어떻게 보느냐가 너의 인생을 좌우한다."

그 소년은 자신이 바라는 그대로 믿고 꿈을 꾸었고, 마침내 최연소자로서 메이저 리그에 등판했다. 그가 바로 유명한 클레이턴 커쇼(Clayton Kershaw)다. 사람들은 그가 받는 천문학적인 연봉에 놀라워했지만 여느 스포츠 스타답지 않은 그의 행보에 더욱 놀라워했다. 커쇼는 대단한 야구 선수가 되어 있었지만 학창 시절 우연히 〈오프라 윈프리 쇼〉를 통해 본 아프리카의 어려운 실상을 마음속에 계속 담고 있었다. 그는 경기가 없는 기간에 아프리카 잠비아로 선교와 봉사를 하러 가기 시작했고, 결혼하고 나서는 신혼여행을 잠비아로 갔다. 마침내 잠비아 루사카에 '희망의 집'이라는 고아원을 설립해 믿음으로 받게 된 메이저 리그 선수의 연봉을 아낌없이 드리는 삶을 살게 됐다. 그는 지금도 아내와 함께 일 년의 한 달을 아프리카 잠비아에서 보내며 하나님의 사랑을 실천하고 유일한 희망이신 예수님을 전한다.

운동을 잘해 유명해져서 돈도 많이 벌고 화려한 결혼식도 하지만 얼마 안 되어 파산하거나 이혼하고 마는 여느 스포츠 스타들과는 전혀 다른 모습이다. 그리스도를 굳게 믿는 제자로 다른 사람들에게 사랑을 전하는 커쇼의 모습은 우리 그리스도인들에게 동기 부여가 된다.

사도 바울은 자신이 복음 전파자가 된 것이 측량할 수 없는 그리스도의 풍성함을 전하는 데 있다고 고백을 했다(엡 3:8). 뿐만 아니라 하나님의 일꾼이 된 것이 하나님의 은혜의 선물을 따라 된 것이라며 감동스러운 표현을 했다. "하나님 속에 감추어졌던 비밀의 경륜!"

　사람들은 예수님을 믿는다고 하면서 그 안에 감추어진 하나님의 각종 지혜를 모르기에 하나님의 자녀의 특권을 전혀 모르고 살아간다. 우리 아버지께서는 지금까지 우리에게 많은 소원을 주시고 그것을 수없이 직접 이루셨다. 이렇게 직접 행하시는 우리 아버지의 진짜 뜻은 고통당하는 사람에게 사랑을 보여 주기를 원함이다. 이것이 하나님의 기쁨인 것이다. 이런 진수의 기쁨을 모르고 교회만 왔다 갔다 한다면 얼마나 안타까운지!

　"지금까지는 너희가 내 이름으로 아무것도 구하지 아니하였으나 구하라 그리하면 받으리니 너희 기쁨이 충만하리라"(요 16:24).

　주님께서는 우리에게 주시는 입장이지만 우리에게 먼저 구하라고 권면하신다. 우리는 왜 바르게 구하지 못할까? 왜 하나님의 기쁨을 마음에 소원으로 두고 기도하지 않을까?

　기도 응답의 선물은 항상 우리에게 기쁨이 넘치게 한다. 주님은 왜 주님의 이름으로 아무것도 구하지 않느냐고 반문하신다. 반드시 주님 이름으로 하나님을 경외하면서 하나님의 영광을 위한 일에 우리 소원이 일치된다면 우리는 늘 충만한 기쁨 속에서 달려갈 수 있을 것이다.

3장

당신도
기도의 사람이
될 수 있습니다

—

무엇이든지 구하는 바를 그에게서 받나니
이는 우리가 그의 계명을 지키고
그 앞에서 기뻐하시는 것을 행함이라
그의 계명은 이것이니 곧 그 아들
예수 그리스도의 이름을 믿고 그가 우리에게
주신 계명대로 서로 사랑할 것이니라
(요일 3:22–23)

"사랑하는 자들아 만일 우리 마음이 우리를 책망할 것이 없으면 하나님 앞에서 담대함을 얻고 무엇이든지 구하는 바를 그에게서 받나니 이는 우리가 그의 계명을 지키고 그 앞에서 기뻐하시는 것을 행함이라 그의 계명은 이것이니 곧 그 아들 예수 그리스도의 이름을 믿고 그가 우리에게 주신 계명대로 서로 사랑할 것이니라 그의 계명을 지키는 자는 주 안에 거하고 주는 그의 안에 거하시나니 우리에게 주신 성령으로 말미암아 그가 우리 안에 거하시는 줄을 우리가 아느니라"(요일 3:21-24).

'서로 사랑하라는 계명'을 지키고 '하나님이 기뻐하시는 것을 행하면' 무엇이든지 구하는 바를 받게 된다. 이렇게 놀라운 약속은 실제 매일의 삶 속에서 계속되고 있는데 사람들은 이 특권을 바른 순서대로 이행하지 못하기에 하나님의 응답을 잘 체험하지 못한다.

이 공식대로 살면서 약속에 근거한 기도를 하니 하나님께서는 전 세계를 뒤흔드시면서 응답을 보내 주셨다는 조지 뮬러의 고백을 우리도 동일하게 체험한 이야기를 나누려고 한다. 우리 모두가 이 말씀의 순서대로 행할 때 하나님의 응답을 받는 특권을 누릴 수 있음을 증명하고 싶다.

계명대로 서로 사랑할 것

홀리네이션스 선교회가 복음을 전해들을 많은 나라 사람들을 사랑하는 마음으로 하나님의 공급을 간절히 기다릴 때 하나님께서 전혀 모르던 세계 곳곳에서 도움의 손길을 보내 주신 것을 기억하면 지금도 가슴이 벅차다. 한국을 비롯한 미국, 영국, 홍콩, 일본, 중국, 과테말라, 러시아, 요르단 등지를 하나님께서는 뒤흔드셨고 까마귀들을 통하여 매일 엘리야에게 공급해 주셨듯이 우리에게 공급하고 계신다. 우리와 그리 친밀하지 않은 나라 과테말라에서 하나님께서 흔드신 이야기는 참으로 재미있다.

카메룬에서 온 한 자매가 자궁 근종 수술을 하고 병원비를 갑작스럽게 내야 했다. 예정에 없던 지출이 생기게 됐지만 하나님께서 보통 때보다 1,000만 원 이상을 채워 주셨기에 오히려 회계 집사님께 선교사님들 중 가장 물가가 비싼 곳에 사시는 분에게 200만 원을 송금하라고 말씀드렸다. 하나님께서 주신 것은 사랑의 마음으로 우선 나눠야지 우리가 다음에 쓸 것을 계산하면 영원히 나누지 못하는 법이다. 그때 한 전화가 걸려 왔다.

"과테말라에서 온 이 권사입니다. 저는 비행기를 타고 미국 LA에

들러서 서점에 들어갔어요. 늘 하나님께 어떤 책을 고를 것인가를 여쭈면 하나님께서 책을 골라 주시는데 그런 책을 읽으면 감동을 받아요. 이번에는 비행기 안에서 권사님 책《나는 날마다 기적을 경험한다》를 읽고 왔어요. 지난 목요일에 와서 잠시 후에 공항으로 가는데 권사님 만나고 싶어서 지금 삼위교회에 와 있어요.”

나는 그 전화를 받고 깜짝 놀랐다. 이곳까지 찾아온 손님과 같이 점심 식사를 하기 위해 만났다. 성령 안에서 한 영을 가진 사람은 처음 만났고 잠시 만나더라도 그와 나누는 교제가 어쩌면 그렇게 반갑고 즐거운지 모르겠다.

여태 다닌 27개국의 한인 교회 중에서 정말 선교에 마음을 쏟으며 하나님을 기쁘시게 하는 교회보다 한인들끼리 모여 서로 갈리고 헐뜯고 한국 내의 교회보다 더 심한 갈등을 겪는 교회를 많이 봐 왔는데, 과테말라 한인 교회는 750명 모두가 한마음으로 선교사의 역할을 한다고 한다. 목사님은 묘비명까지 써놓고 과테말라 땅을 밟았다. 그런 목사님과 함께 교인들은 한결같이 그 나라 사람들을 사랑하고 쉬지 않고 중보 기도를 하며, 그들에게 복음을 전해 수많은 사람들을 회심시켰다고 했다. 게다가 그 땅에서는 농사도 잘되고 건강과 기쁨이 넘친다고 하니, 듣기만 해도 기쁜 소식이었다.

권사님은 내 책을 읽으며 자신이 바라고 믿고 살아온 것과 같은 방향을 사는 사람을 만나 정말 기뻐서 꼭 만나고 싶었다고 했다. 그리고 책을 읽고 내게 크리스마스카드를 썼다며 건네주었는데, 이런 내용이 쓰여 있었다.

"할렐루야! 주님의 이름으로 축복하고 사랑합니다. 이번 한국 방문길에 비행기 안에서 권사님 간증집을 읽고 제가 중요하게 삶의 모토로 삼고 있는 줄기가 똑같으신 권사님을 믿음 안에서 자매 같은 느낌으로 꼭 만나고 싶어 홀리네이션스를 찾게 되었습니다. 모든 사역 위에 주님의 인도하심이 함께하셔서 하나님 기뻐하시는 삶이 되시길 기도하겠습니다. 권사님 가슴 가득 하나님의 크신 사랑을 품으시며 권사님 두 눈에 주님의 눈물을 담을 수 있는 그런 아름다운 하나님의 딸이 되소서! 주 안에서 자매 된 이 권사 드림."

그 봉투 안에는 2,000달러가 동봉돼 있었다. 우리 선교회에서 나눔을 한 200만 원에 몇 십만 원이 더하여져서 고스란히 우리가 쓸 수 있는 헌금으로 되돌아왔다. 할렐루야! 이 책을 읽는 여러분도 사역자이든 선교사이든 아니면 개인이든, 하나님의 법칙을 따라가 보기를 바란다. 먼저 하나님의 말씀에 순종하여 심지 않고는 절대로 풍성함을 기대할 수는 없다.

"심는 자에게 씨와 먹을 양식을 주시는 이가 너희 심을 것을 주사 풍성하게 하시고 너희 의의 열매를 더하게 하시리니"(고후 9:10).

10년 전 한 분은 같은 교회 지체들과 홀리네이션스 쉼터에 방문해서 청소를 해 주시곤 했다. 그러고는 온 가족이 함께 중국으로 갔기에 오랫동안 얼굴을 볼 수가 없었다. 그러다 자녀가 병원에 입원할 일이 생겨 한국에 오셨다. 만나 뵙고 들은 그분 말씀이 한국에 오면서 갑자기 외국인 노동자들이 떠올랐다며 한국인이면서 외국에 사니 이렇게 힘이 드는데 그들은 얼마나 더 힘들까 하는 생각이 드셨다고 했다. 그분은 외국에서 새로운 학생이 우리 선교회로 도착하는 날 입학금을 보내왔다. 이 금액은 뒤에서 소개할 몽골의 티므로의 의과대 입학금으로 송금한 만큼이 채워질 액수였다.

계명대로 사랑하고 기도하며 간절히 하늘을 볼 때 하나님께 쓰임을 받았다. 조지 뮬러가 기도할 때 하나님께서 세계를 흔들어서 고아들을 먹일 수 있게 하신 것을 우리도 동일하게 체험하며 하나님께 감사드렸다.

그가 기뻐하시는 것을 행하라

기도에 관한 수많은 책을 보아도 실제로 하나님께서 얼마만큼 정확하게 기도에 응답하시는지 잘 설명해 주는 사람은 그리 많지 않은 것 같다. 자신이 종교인이냐 신앙인이냐에 따라 하나님의 응답을 얼마나 누리며 사는지 차이가 극명하지 않을까?

종교인

1. 하나님의 이름은 알지만 하나님의 실체를 모른다. 하나님과 동행하는 기쁨을 전혀 모른다.
2. 예배와 삶이 일치하지 않고 따로따로다.

3. 경건의 모양은 있으나 능력이 없다.

4. 자신의 이름이나 명예는 중요시하면서 하나님께 전적으로 영
   광 돌리지는 않는다.

5. 하나님이 전부가 아니고 자신의 삶 속의 일부분일 뿐이다.

신앙인

1. 하나님의 이름을 알 뿐 아니라 하나님과 늘 동행하는 임재 속
   에서 산다. 그를 인도하시는 하나님을 볼 수 있다.

2. 예배와 삶은 일치하고 삶이 곧 예배다.

3. 경건할 뿐 아니라 그에게서 하나님의 능력이 나타난다.

4. 오직 하나님께만 영광을 돌린다.

5. 하나님이 최우선이고 온 맘으로 하나님을 사랑한다.

종교인들은 자신이 필요한 것을 구하는 기도를 하고 다시 하나님
을 잊어버리기를 반복하기에 참된 기도의 능력을 전혀 모른다.

신앙인 즉 참된 신자는 자신의 필요를 구하기보다 '하나님의 뜻'
을 구하고 '하나님께 영광'을 돌려 드리는 기도를 하여 하나님이 기
뻐하시는 일을 행한다. 그렇기에 언제나 넘치는 응답을 받는다.

한번은 병원에 암으로 입원해 계신 분께 병원비를 지원해 드리고
싶었다. 온 가족이 고통받는 모습이 너무나 안타까워서 얼마만이라
도 지원하고 싶다고 생각했는데, 하나님께서는 그때도 외국에 거주

하는 하나님 자녀의 손길을 흔드셨다. 다달이 최선을 다해서 후원하시는 분이었는데 그날은 보통 때보다 두 배를 보냈다. 물론 암 환자를 도와야겠다는 말은 전혀 꺼내 본 적이 없고 오직 우리와 항상 동행하시는 주님만이 이 마음을 아시는 상황에서 즉시 보내 준 것이다. 그래서 감사하다는 이야기를 하니 오히려 "하나님께 드릴 수 있어서 감사해요"라고 답변을 보내왔다. 우리는 기쁘게 달려가서 입원해 계신 분께 하나님의 사랑을 전달할 수가 있었다.

다른 한 분이 암으로 병원에 입원하셨을 때는 하나님께서 요르단과 미국에서 역사하셨다. 그날은 요르단에서 오신 선교사님과 미국에서 아들 결혼식을 치르기 위해 오신 집사님과 나, 이렇게 셋이 만났다. 선교사님과 내가 먼저 만나고 있었는데 대화 중에 둘이 미리 준비해 온 봉투를 동시에 꺼냈다. 알고 보니 같은 금액이 담긴 봉투였다. 서로 내밀면서 마주 보는데 웃음이 났다. 그런데 조금 늦게 도착한 선교사님도 헌금 봉투를 두 개 준비해 오셔서는 우리에게 각각 전달하는 것이 아닌가.

선교사님과 나는 선교를 하는 사람으로서 서로를 도우려 한 것이고, 집사님은 선교하는 우리 두 사람을 도우려 한 것이었다. 집사님의 헌금이 병원비로 전액 전달됨으로써 우리는 하나님이 함께하시는 것을 다시금 보게 되었다. 여러분도 '서로 사랑하고' '주님이 기뻐하시는 일을 행하는' 이 순서로 묵상해 보면 무엇이든지 구하는 바를 받는 동일한 역사가 일어날 것이다. 무엇이든지 받는 것에는 귀가 솔깃한 게 우리인데, 말씀이 가르쳐 주시는 순서대로 행할 때 이런 기적은 상식처럼 일어날 것이다.

무엇이든지 구하는 바를 그에게서 받나니

"이에 제자들에게 이르시되 추수할 것은 많되 일꾼이 적으니 그러므로 추수하는 주인에게 청하여 추수할 일꾼들을 보내 주소서 하라 하시니라"(마 9:37-38).

가끔 선교회의 조직과 운영에 관해 전화나 방문을 통해 문의하는 분들이 있다. 한번은 대형 교회에서 많은 헌금을 지원받는 선교사님이 찾아왔다. 그분은 자신이 소속한 교회에 교인들 중 그렇게 의료진이 많아도 외국인들에게 오후 시간을 내주는 사람이 없는데 우리 선교회는 어떻게 이런 의료 서비스가 가능하느냐 물었다. 말씀이 가르쳐 주는 순서대로 행했더니 모든 것을 아시고 앞장서신 주님께서 헌신된 의료진을 보내시니 가능했다.

다른 분은 외국인 선교회를 여기저기 방문해 보니 상황이 너무나 열악해 여러 대형 교회에 지원을 건의하는 선교 대회를 열 생각이라며 여러 질문을 해 왔다. 이분은 이미 우리 선교회 홈페이지를 열어 보신 후 '이렇게 체계적인 외국인 노동자를 위한 선교회가 있더란 말인가?' 놀랐다는 말도 전해 왔다. 그날 질문에 이것저것 답하다 보니 지난 시간이 주마등처럼 떠올랐다. 우리 선교회는 대회를 열어서 여러 봉사자를 소집하지 않고 예수님이 선교회의 회장이 되시어 사람을 만나게 하시고 조직을 만드셨다.

나는 선교사가 되어 외국인 노동자를 위해 헌신하겠다든지 교도소에 방문하겠다든지 장애인을 찾아가 섬기겠다든지 환자를 찾아가 위로하겠다든지 그런 비전을 가져 본 적도 없이 그저 평범한 가정에서 자녀를 기르겠다는 생각만 하던 사람이었다. 그러던 내게 주님은 어느 날 말씀을 읽던 중에 "나를 따르라"고 말씀하셨다.

"주의 성령이 내게 임하셨으니 이는 가난한 자에게 복음을 전하게 하시려고 내게 기름을 부으시고 나를 보내사 포로된 자에게 자유를, 눈먼 자에게 다시 보게 함을 전파하며 눌린 자를 자유롭게 하고"(눅 4:18).

이렇게 놀라운 약속도 해 주셨다.

"예수께서 나아와 말씀하여 이르시되 하늘과 땅의 모든 권세를 내게 주셨으니 그러므로 너희는 가서 모든 민족을 제자로 삼아 아버지와 아들과 성령의 이름으로 세례를 베풀고 내가 너희에게 분부한 모든 것을 가르쳐 지키게 하라 볼지어다 내가 세상 끝 날까지 너희와 항상 함께 있으리라 하시니라"(마 28:18-20).

주님께서 함께하시니 우리는 그냥 따라가기만 하면 되었다. 거창한 대회를 열어서 사업을 공포하고 사람을 모집하고 할 필요 없이 주님이 직접 보내시는 인력들과 함께했다.

봉사하시는 집사님과 장로님들이 한 테이블에 모여 식사하는 모습을 보면 새삼 감격스럽다. 한결같이 겸손하고 신실하신 이분들은 사회에서도 열심히 직장 생활을 하면서도 능통한 외국어 실력으로 선교에 큰 힘이 되었다.

앞에서 잠깐 소개한 박윤태 장로님은 일본에서 유학을 해 일어가 능통한 분이다. 우연히 우리 부부와 같은 주일날 같은 교회에 등록하여 알게 되었다. 새벽 기도를 열심히 하시기에 기도를 마치고 나오면 자연히 대화를 나누게 되었고, 이내 시작한 선교회에서 한마음으로 16년을 동역하게 되었다. 박 장로님의 아내 임신애 권사님도 의료 차트 정리나 식당 봉사로 도우며 행복동의 가족이 되었다.

예배 때 영어로 사회를 보면서 다른 여러 봉사도 하시는 손현주 집사님도 14년을 함께했다. 외국에 가셨다가도 한국으로 돌아오면 즉시 선교회로 와서 아내 박미라 집사님과 아들 한솔이와 함께 온 가족이 선교회에서 섬겼다. 처음 엄마 아빠 손을 잡고 왔을 때 한솔이의 나이가 5살이었는데 이제는 벌써 대학생이다. 이곳에서 자라며 열방을 품어 온 한솔이는 세계 곳곳에서 절대 빈곤에 시달리는 사람들을 섬길 꿈을 가지고 카이스트에 합격했다.

지금은 미국에 있는 정훈택 집사님도 영어가 능통하고 성품이 겸손한 분이다. 현재는 이분의 아내 되는 원미라 집사님이 네팔반에서 기쁨으로 섬기고 있다.

선교 생활 30년 내내 직장에서 열심히 일하며 곁에서 여러 가지로 도와주는 남편도 미국계 은행에서 35년 이상 근무해 영어가 자연스럽다. 선교회를 꾸려 가며 하나 된 마음으로 함께 주님만 따라가고 있다. 외국인 전도를 탁월하게 잘하는 윤난호 권사님, 선교회 초창기부터 찬양을 인도하는 박찬국 집사님 부부, 반주자 은비와 단비, 중국반을 맡아 섬기며 치과 진료를 해 주는 이민희 선생님과 다른 의료진 선생님들, 외국인들에게 한국어를 가르쳐 주는 조성숙 집사님, 외국인 예배를 마치면 식당에서 기쁘게 밥을 준비해 주시는 백남수 권사님과 다른 권사님 집사님들, 한 달에 한 번씩 돌아가면서 설교해 주시는 이태영 목사님, 이명희 선교사님, 장정구 목사님, 고석헌 목사님. 우리 모두 행복동 주민인 것을 행복해한다. 우리 스스로 행복동이라 부르는 이 선교회에서 우리는 하나님께서 하시는 일을 늘 눈으로 본다.

"그때에 사람이 날마다 다윗에게로 돌아와서 돕고자 하매 큰 군대를 이루어 하나님의 군대와 같았더라"(대상 12:22).

우리가 지금 예배드리는 삼위교회의 당회장 김영덕 목사님은 우리가 해외에 교회를 짓기 시작할 때 맨 처음 교회를 짓겠다고 작정하시고 몽골에 교회를 세울 돈을 전부 헌금해 주셨다. 목사님 가정은 교회 사택에 머물며 갖고 계셨던 작은 아파트는 전세를 주고 그 전세금 전액을 몽골로 보내신 것이다. 뿐만 아니라 삼위교회에서 자원한 분들이 몽골 사랑의궁정 교회에 단기 봉사를 가서 필요한 시설도 해 주고 한마음으로 도와주시기에 우리는 편안하게 선교를 하고 있다. 참으로 감사할 뿐이다.

4장

사람이 아닌
하나님께
구하세요

—
귀인들을 의지하지 말며
도울 힘이 없는 인생도 의지하지 말지니
그의 호흡이 끊어지면 흙으로 돌아가서
그날에 그의 생각이 소멸하리로다

(시 146:3–4)

우리 선교회에서 일어난 일들을 궁금해하며 어떻게 하면 그런 기도 응답을 받을 수 있는지에 대해 많은 분들이 질문해 온다. 그래서 답변을 해 드리면 이해가 잘 안되는지 다시 질문을 해 온다. 여기서는 어떻게 기도할 때 응답받는지 한 번 더 소개하려 한다.

선교회 사역은 너무나 방대해서 재정, 인력, 그 밖의 다른 문제를 오직 하나님의 손에 부탁드릴 수밖에 없다. 우리는 이 일을 하면서 기도를 배워 나간다. 우리 동역자들은 기도를 하면서 하나님께서 얼마나 구체적으로 넘치도록 응답해 주시는지를 함께 보며 놀라워하며 지내 왔다.

우리는 기도를 할 때 철저하게 성경의 말씀을 붙잡고 한다. 우리 동역자들은 주일 예배 외에 세 번의 중보 기도로 모인다. 그리고 토요일 새벽 6시에는 성경 공부를 같이 하면서 기도회를 갖는다. 새벽 기도는 각자 하지만 특별히 목요일에는 하루 금식 기도를 같이 한다. 직업을 가진 분들은 직장에서 일을 하면서 금식 기도에 동참한다. 요새는 금식 기도에 동참하는 분들이 늘어나서 약 20명이 함께 기도한다.

　이런 기도들을 삼겹줄 삼아 선교회 운영을 위한 재정에 관한 것, 인력에 관한 것, 기타 어려운 문제 등을 모두 하나님께 가져갔을 때 그 어떤 일도 하나님께서 응답 없이 지나치신 일이 없음을 체험하곤 했다. 그 어떤 문제라도 아버지께서는 우리가 생각하는 것이나 구하는 것보다 넘치게 응답해 주셨다. 이 약속을 바라볼 때 우리는 독수리가 되어 나는 기쁨을 누렸다.

　홀리네이션스 선교회의 기본 정신은 절대 사람에게 구걸하거나 간접적으로도 필요를 호소하지 않고 오직 하나님만을 신뢰하는 것, 빚은 절대 지지 않고 열방을 향해서 주의 뜻을 행하는 것이다. 이 원칙대로 하면 우리는 두 달에 한 번 교사 회의를 가질 때 "하나님이 하셨어요"라며 하나님께 감사 기도를 드리며 끝낼 수 있다. 이렇게 기쁜 공동체가 되는 것은 아버지의 가르침대로 순종하며 걸어갈 때 가능하다.

재정 문제에서 자유로워 져라

"슬프도소이다 주 여호와여 주께서 큰 능력과 펴신 팔로 천지를 지으셨사오니 주에게는 할 수 없는 일이 없으시니이다"(렘 32:17).

　미국에서 박사 학위를 받은 이명희 선교사님은 논문 주제를 '이주자들을 위한 선교'로 잡고 오랜 기간 연구해 오셨다. 선교사님은 미국에서도 선교를 '뜨거운 감자'로 여긴다는 이야기를 들었다. 먹어야 하는데 뜨거워서 먹기 힘들다는 것이다. 선교는 해야 하는데 재정이 걱정인 것이다. 이와 같은 표현이 나올 정도로 그들도 선교의 과정에서 재정 확보에 가장 큰 고심을 한다고 했다. 선교사님은 그들에게 전할 만한 내용으로 논문 중에 우리 선교회의 사례를 한 장 넣으셨다고 한다.

대부분의 사역자들이 하는 모금 선교, 그리고 하나님을 전적으로 신뢰하는 믿음 선교를 비교해서 나누고 싶다. 왜냐하면 이 문제를 통과하지 못하면 장기전으로 들어가는 선교를 감당하는데 재정 문제가 첫 번째 장애물로 등장하기 때문이다.

나는 하나님께서 일찍 모금 선교가 아닌 믿음 선교를 선택하게 해 주셔서 감사하고 또 감사드린다. 하나님의 자녀가 일부러 모금을 하러 다닐 이유가 있겠는가? 최초의 선교사 사도 바울과 같은 고백을 우리도 해야 당연할 것이다.

"모든 성도 중에 지극히 작은 자보다 더 작은 나에게 이 은혜를 주신 것은 측량할 수 없는 그리스도의 풍성함을 이방인에게 전하게 하시고"(엡 3:8).

"내게는 모든 것이 있고 또 풍부한지라"(빌 4:18).

수천 명의 고아를 먹이고 수백 명의 선교사를 도우면서도 사람들에게 재정에 관한 호소를 하지 않은 조지 뮬러의 애슐리 다운 고아원이 지금까지도 믿음의 모델로 남아 있음을 감사드린다. 조지 뮬러도 자신의 믿음을 지키는 선한 싸움을 매 순간마다 해야 했을 것이다.

우리 선교회에서는 현재 신학생 30명에게 전액 장학금을 지원해 주고 해외에 여러 교회를 세워 후원하고 있다. 그리고 이렇게 정기적인 지출이 들어가는 일 외에도 갑자기 발생한 환자들을 섬기는 일을 한다.

한 캄보디아인 자매는 임신을 하고도 한 번도 병원에 가서 진료를 받지 않았다. 막연히 '지금쯤이면 아기를 출산하겠지' 생각하던 터에 우리 쉼터로 와서 화장실에 들어갔는데 그곳에서 급작스레 해산을 해 그만 화장실 양변기에 아기를 탯줄째 빠뜨려 버렸다. 아기와 엄마는 탯줄로 서로 연결된 채 급히 병원으로 실려 갔고 아기는 양변기의 물을 많이 마셔서 신생아 중환자실로 들어갔다. 이렇게 한 아이를 받고 보니 또 다른 아기, 또 다른 아기…. 연속으로 캄보디아, 몽골, 이란 국적의 아이들을 받게 됐다.

몽골의 나라 목사님과 친정어머니가 인공 관절 수술을 받으러 한국에 오셨을 때는 두 분의 비행기 삯과 수술비로 수백만 원이 들어가기도 했다.

애초에 "여러분 도와주세요"라고 하기로 선택했다면 나는 매일매일 구걸하러 나서야 했을 것이다. 우리의 수준과 능력에 비해 너무나 많은 돈이 필요하기 때문이다. 가족들은 그런 내 모습을 보며 '왜 우리 엄마는 저렇게 살아야 할까' 고개를 저으며 후원하는 사람이 되지 않았을 것이다. 남편도 그만 두 손 두 발 들었을 것이다. 동역하던 사람들 마저도 모두 그만두었을 것이다.

"귀인들을 의지하지 말며 도울 힘이 없는 인생도 의지하지 말지니 그의 호흡이 끊어지면 흙으로 돌아가서 그날에 그의 생각이 소멸하리로다"(시 146:3-4).

하나님을 신뢰함으로 재정 문제에서 자유하지 않으면 끊임없이 돈 걱정을 하고 돈 이야기만 하게 되어 나중에는 다른 사람들이 다 기피하게 될 것이며 아무도 주님의 증인이 되는 이 귀중한 일을 하고 싶어 하지 않을 것이다.

언제나 풍성하게 우리의 쓸 것을 채우시는 하나님을 찬양한다. 우주 만물의 주인이신 우리 아버지께서 직접 풍성하게 채우신다고 하셨는데 누구에게 구하겠는가? 우리는 오직 "할렐루야! 주님 다시 오실 때까지 나는 이 길을 가리라"는 고백을 드릴 뿐이다. 하나님은 단 한 번도 우리를 실망시킨 적이 없음을 증명해 보일 수 있는 수많은 행복동의 증인들이 있다. 우리 행복동 사람들은 아버지께서 직접 행하시는 일을 보는 기쁨으로 살아간다.

세상 사람들은 모두 자기중심적이고 자기가 즐기기 위해서 열심히 돈을 벌지만 하나님이 주신 물질을 관리하는 청지기 정신을 가진 사람들은 모든 물질의 주인이 하나님이시므로 이렇게 고백할 줄 안다.

"우리가 주의 손에서 받은 것으로 주께 드렸을 뿐이니이다"(대상

29:14).

　청지기 정신을 지닌 한 젊은이는 처음 입사해 받은 첫 월급 전액을 하나님께 드렸다. 우리는 당시 그 헌금을 루스란이라는 암 환자에게 주어서 그에게 소망을 주었다. 루스란은 우리 환자 중에서 4,500만 원이 들어 가장 많이 병원비를 지불한 경우였다.

　캄보디아 자매가 우리 쉼터 화장실에서 낳은 아기는 신생아 중환자실에 입원해 있었기에 일주일 후 퇴원 때 산모와 아기가 지불해야 할 병원비가 엄청났다. 하지만 주님께서는 성경에 우리의 필요를 미리 아신다고 하셨다. 이 청지기 젊은이는 그런 소동 가운데 출생한 캄보디아 아기가 있다는 사실을 모르고 있었지만, 특별 보너스로 받은 금액을 다시금 하나님께 드려 우리가 놀란 가운데서도 병원비를 잘 감당할 수 있도록 하셨다. 어떻게 그렇게 시간을 잘 맞추시는지 지금까지도 우리는 경이로운 하나님의 손길에 놀랄 뿐이다. 그날을 생각하면 황당함에 웃음도 나오고 어떻게 그런 일을 구경할 수 있었을까 생각이 든다. 이곳이 아니면 아마 보지 못했을 풍경이다.

재정적 도움을 절대 사람 손에 의지하지 않는다

어떤 자매가 선교사로 헌신하여 해외에 나가려는 훈련을 받는데 선교 후원자 100명을 찾아오라는 지시를 받았다는 이야기를 듣고 웃음이 났다. 선교하는 분들 대부분이 어떤 사역을 하려면 그 사역을 감당하기 위해 사역비를 어떻게 조달하느냐를 넘어야 할 가장 큰 산으로 보고 있다. 그래서 어떤 사역을 놓고 얼마의 돈이 드니까 그 것을 지원하고 기도해 달라는 기도 편지나 요청을 많이 받는다. 우리 선교회 출신 학생들은 이런 기도 편지를 일체 보내지 못하게 한다. 그런 편지는 간접적으로 구걸을 하는 것이다.

하나님께서 홀리네이션스 선교회를 출항시키기 전에 빡센 훈련을 시켜 주신 것이 얼마나 감사한지! 선교를 본격적으로 시작하기 전, 하나님께서는 옆에서 보거나 아니면 직접 경험하게 하면서 많은 것을 깨닫게 하셨다. 선교 후원자 100명이 용케 모여 그들이 평균 10만 원씩 달마다 후원한다고 가정한다면(사실 매달 잊지 않고 후원하기도 힘들뿐더러 형편이 되지 않아 중도에 끊는 경우도 많지만) 약 1,000만 원이 지원된다. 그런데 홀리네이션스 사역은 이 정도 액수로는 열방을 지원하는 일을 감당할 턱이 없다. 일 년에 몇 억씩 있어야 감당할 수 있다. 이렇게 큰 액수를 어떻게 일일이 사람의 손에 의지한단 말인가.

하나님께서 무엇이라고 말씀하셨는지를 가르침 받는 훈련을 하지 않고 어째서 세상적인 수준의 훈련을 하고 선교사들을 파송하는지 이해하기 힘들다.

하나님만을 철저하게 의지하는 믿음의 훈련이 없었다면 우리는 열방을 향해 행진을 할 수 없었을 것이다. 열 군데 선교사를 돕는데 우리가 지원하는 후원금은 선교지의 사정에 따라 다르다. 네팔은 2015년 4월에 갑자기 지진이 일어나는 바람에 원래 정해진 후원금보다 5,800만 원 넘게 추가 지원을 했다.

네팔의 교인들조차 다 같이 집을 잃고 텐트를 치고 있는 상황에서 사람들에게 모금할 수는 없었다. 우리 선교회의 회장은 주님이 시기에 우리는 "오로지 오직 주만 바라보나이다"라고 고백했다. 그러자 곧 홀리 봉사자들과 홀리에서 후원하는 해외의 현지인 선교사들이 너도나도 한마음으로 도왔다. 그래서 이들에게 5월부터 11월까지 지진 피해를 위한 추가금을 지원할 수 있었다. 게다가 추가 지원금이 나갔음에도 열 군데의 선교지에도 평소처럼 기쁨으로 지원할 수 있었다.

우리는 진짜 믿음이 무엇인지 배울 수 있는 이 현장에 보내진 것이 참으로 감사하다. 이 같은 맹훈련에 세상을 향한 두려움은 점점 사라지고 주님이 가라 하시는 대로 가게 되었다.

의심하지 않고 순종한다

하루는 새벽 6시에 버스 정거장으로 가고 있었다. 비가 많이 오고 바람도 많이 불어 우산을 펴도 뒤집히는 날씨였다. 그런데 그 시간에 한 남자가 짧은 운동복을 입고 모자를 쓰고 호수 공원을 향해 달리고 있었다. 비 오는 것도 개의치 않고 달리는 폼이 하루 이틀 달린

솜씨가 아니었다.

우리 믿음의 경주도 이렇게 훈련이 되어야 한다. 한 번 "아멘"한다고 믿음의 구조로 바뀌지 않는다. 이런 기도로는 우리에게 하나님이 약속하신 모든 것을 체험하지 못한다.

티므로라는 학생이 몽골에서 의과대에 합격해 어떤 복지 재단으로부터 장학금을 지원받기로 약속됐다가 돌연 취소된 일이 있었다. 우리 선교회는 "절대 빚지지 마라", "사람에게 구걸하지 말고 오직 하나님만 신뢰하라"는 원칙하에 티므로의 등록금을 지불했고 그는 무사히 학교에 다닐 수 있게 됐다.

미얀마에서 목회자로 섬기시다 한국에 와서 박사 과정으로 공부하는 탕 목사님이 얼마 전 우리 선교회의 30번째 후원 학생으로 오셨다. 탕 목사님은 선교회에 관해 여러 궁금증을 풀어놓으셨고, 우리는 홀리네이션스 선교회의 기본 정신을 설명해 주었다.

우리로서는 기존에 후원하는 학생이 많으니 다른 큰 교회에 도움을 요청하라고 안내하는 것이 상식적인 행동일 텐데, 오히려 큰 교회에서 후원을 약속받아 놓고도 이행이 제대로 안돼 학업을 중도 포기할 위기에 빠졌던 학생 여러 명을 받아들였다. 그들은 이곳에서 하나님이 살아 계심을 보았다. 그리고 자국에 돌아가서도 한국에서 받았던 섬김을 그대로 적용하며 자신들이 봤던 하나님의 역사를 동일하게 자기 동포에게도 보여 주고 있다. 몽골의 나라 목사님이 보내온 소식이다.

"마마, 시골에 갔을 때 어떤 청년이 울란바토르에서 대학교에 다녀야 하는데 가서 머물 곳도 없고 기숙사에 들어갈 돈도 없다는 얘기를 들었어요. 마그나이 목사님께 상황을 이야기하고 그 청년을 교회에 데리고 왔는데 오늘 기도 가운데 그 학생을 홀리처럼 지원하고 싶은 마음을 주셨어요."

"마마, 다른 학생도 대학 등록금이 없어서 못 가는 것을 우리도 홀리처럼 등록금을 내 주고 다니게 했답니다."

우리는 학생이나 환자가 더 늘거나 우리 것을 나누어야 할 곳이 늘어나는 그 어떤 상황에도 주님의 약속을 의심하지 않고 그대로 순종하는 믿음의 경주를 해 왔다.

믿음의 결단 한두 번으로는 경주를 잘하기 힘들다. 출애굽기를 보면 하나님께서 행하셨던 권능의 역사를 수없이 보고서도 여전히 믿음 없이 불평불만만 늘어놓는 이스라엘 백성을 볼 수 있지 않은가! 어설픈 믿음을 가져서는 이보다 더한 능력을 보더라도 신세타령만 하게 되기 쉽다.

"백성이 하나님과 모세를 향하여 원망하되 어찌하여 우리를 애굽에서 인도해 내어 이 광야에서 죽게 하는가 이곳에는 먹을 것도 없고 물도 없도다 우리 마음이 이 하찮은 음식을 싫어하노라 하매"(민 21:5).

반대로 오직 주님만 의지하고 믿음의 경주를 계속한다면 우리는 사도 바울처럼 고백할 수 있게 된다.

"형제들아 나는 아직 내가 잡은 줄로 여기지 아니하고 오직 한 일 즉 뒤에 있는 것은 잊어버리고 앞에 있는 것을 잡으려고 푯대를 향하여 그리스도 예수 안에서 하나님이 위에서 부르신 부름의 상을 위하여 달려가노라"(빌 3:13-14).

참으로 하나님의 약속은 신실하시다. 이 글을 쓰는 어제도 외국에 계신 어떤 분이 "하나님께서 강하게 홀리에 헌금할 마음을 주셨습니다"라며 우리가 지불한 학비나 필요보다 넘치게 보내오셨다. 그런데도 그분은 "하나님께 쓰임 받아서 감사할 뿐입니다"라고 하나님께만 영광을 돌리는 것이었다. 이런 고백을 들을 때 조지 뮬러가 언젠가 들었다는 "고아들을 위하여 새벽에 빵을 구울 마음을 주셨습니다"라는 고백과 같다고 생각하며 하나님의 신실함에 깊이 감사드렸다.

우리는 언제나 하나님께서 약속을 그대로 지키시는 것을 보고 "우리 서로 받은 그 기쁨은 알 사람이 없도다"라고 찬양하며 비가 오든 바람이 불든 믿음의 경주를 기쁨으로 해 나갈 것이다.

오병이어의 기적을 보기 원할 때

현실 속에서 오병이어의 기적을 보아야만 해결될 시급한 문제가 생겼을 때 보통 어떻게 기도하는가?

우리는 그저 "주여 주시옵소서, 주시옵소서"라고 연발하기 쉽다.

그런데 성경에서 주님이 오병이어의 기적을 일으키신 장면을 잘 읽어 보면 바로 해답을 얻을 수 있다.

"여기 한 아이가 있어 보리떡 다섯 개와 물고기 두 마리를 가지고 있나이다 그러나 그것이 이 많은 사람에게 얼마나 되겠사옵나이까"(요 6:9).

장정만 5,000명이 있는 상황에서 자기 도시락을 즉각 드린 사람은 한 소년이었다. 제자들의 눈에 보기에도 정말 도움이 안되겠기에 이렇게 고백하지 않을 수 없었을 것이다. "그러나 그것이 이 많은 사람에게 얼마나 되겠습니까?"

하지만 주님께서는 정말 하잘것없는 것이어도 주님을 신뢰하며 자신의 도시락을 드린 그 손길을 통해 역사하셨다.

1981년 중앙성결교회에서는 여전도회 회원 중 35세 미만의 회원을 모아 제5여전도회를 출범시켰다. 그러고는 단 한 번도 여전도회에 참석해 본 적이 없고 어린 두 자녀만 기르고 있던 나를 뜬금없이 회장으로 세웠다. 내 앞에 여전도회 회원 명단은 있어도 모이는 회원은 없었다. 이런 상황에 발등에 불 떨어지는 숙제가 주어졌다. 마침 부목사님께서 교회 개척을 하는데 여전도회마다 100만 원씩을 내어 교회 전세금 500만 원을 마련해 드리라는 것이었다. 지금도 여전도회에서 100만 원은 큰돈인데 81년도이니 더했다. 게다가 위 여전도회에서 막 갈라져 나온 터라 회원도 회비도 남은 것이 전혀 없었다.

그때 여전도사님 두 분이 애송이인 나를 권면했다. 한 분은 나이가 지긋하고 집도 여유가 있는 권사님들이 모인 다른 여전도회와 똑같은 액수를 단시간에 마련하는 것은 불가능하다고 이야기하라 하셨고, 다른 분은 기도도 안 해 보고 무조건 못한다고 하는 건 아니지 않느냐 하셨다. 나는 기도하는 쪽을 택했다.

이때 자기의 도시락을 먼저 내놓아야 오병이어의 기적을 볼 수 있다고 말해 준 사람은 나의 남편이었다. 우리도 경제적으로 여유 있는 형편이 아니었지만 남편은 도시락을 내놓은 그 소년처럼 행동하기를 권하며 30만 원을 건네주었다.

내가 가진 것을 드리는 것 말고는 정말 아무것도 할 수 없어서 매주 금요일 철야 기도 때 밤 9시부터 다음 날 새벽 기도가 끝날 때까지 8시간씩 목이 쉬어라 기도했다. 몇 명 되지도 않고 가난했던 우리 여전도회 회원들은 내가 먼저 드린 도시락을 보고 쉬어 버린 내 목소리를 들은 뒤 성령 안에서 하나가 되었다. 옥탑방에 세 들어 어린 아이들과 어렵게 살던 한 자매가 아이들과 함께 봉투를 붙여 모금액을 만들었던 일을 나는 지금도 생생히 기억한다. 성령의 역사하심으로 너도나도 한마음이 되니 단시간에 155만 원이 모였다. 여전도회 중 가장 어리고 가난한 우리가 1등으로 목표를 달성해 교회 내에서 큰 뉴스가 되었고, 그렇게 회원이 없던 우리 전도회에 그해 150명 회원이 더해졌다. 나는 내 이익을 먼저 생각지 않고 주님을 신뢰할 때 주님이 직접 일하심을 볼 수 있음을 이때 처음으로 깨달았다.

이 일은 이후 30여 년 동안 선교할 때에도 큰 훈련으로 자리 잡았다. "먼저 나의 도시락을 주님 손에 드리자." 이 배움을 그대로 실천하는 곳에서는 언제나 오병이어의 기적이 일어났고 살아 계신 하나님의 임재를 볼 수 있었다.

 말씀으로 배우는 기도 응답의 원리

성경에 쓰인 기도 응답의 약속

1. 하나님은 창조주 하나님이시기에 어떤 분야의 문제도 못하실 일이 없다.
   "주 여호와여 주께서 큰 능력과 펴신 팔로 천지를 지으셨사오니 주
   에게는 할 수 없는 일이 없으시니이다"(렘 32:17).

2. 하나님은 측량할 수 없는 그리스도의 풍성함을 전하기 위해 우리를 증
   인으로 부르셨다.
   "모든 성도 중에 지극히 작은 자 보다도 더 작은 나에게 이 은혜를 주
   신 것은 측량할 수 없는 그리스도의 풍성함을 이방인에게 전하게 하
   시고"(엡 3:8).

3. 하나님은 그리스도 안에서 우리의 필요를 풍성하게 채우신다고 약속하
   셨다.
   "나의 하나님이 그리스도 예수 안에서 영광 가운데 그 풍성한 대로 너
   희 모든 쓸 것을 채우시리라"(빌 4:19).

4. 하나님은 우리가 구하기 전에 우리 필요를 알고 계신다.
   "그러므로 그들을 본받지 말라 구하기 전에 너희에게 있어야 할 것
   을 하나님 너희 아버지께서 아시느니라"(마 6:8).

5장

간절한
금식 기도에
하나님이
공급하십니다

—

나는 여호와요 모든 육체의 하나님이라
내게 할 수 없는 일이 있겠느냐
(렘 32:27)

주님이 그때마다 일하시는 방법이 다르기 때문에 우리는 초점을 주님께만 맞추고 주님만 바라봐야 한다. 다윗은 확신이 들 때까지 언제나 여호와께 물었다. 성경에도 "여호와께 묻되"라는 이야기가 반복 기록되어 있다. 다윗은 용맹스러운 경력이 많았지만 자신의 경력에 의존하지 않고 항상 하나님께 물었다. 사람들이 낸 의견도 하나님 앞에서 확인하곤 하였다.

30명의 외국인 학생을 후원하고 공부시키는 과정에서 비자 문제는 마치 산을 옮기는 것처럼 힘들었다. 제3세계에서 학생 비자로 들어와서는 불법 체류 노동자 노릇을 하다 도망가는 경우가 허다해 법을 시행해야 하는 당국의 입장이 이해가 안 되는 것은 아니었지만 말이다. 정도를 걸으며 일을 진행하려 하니 많은 문제를 오직 하나님께 가지고 가는 수밖에 없었다.

"나는 여호와요 모든 육체의 하나님이라 내게 할 수 없는 일이 있겠느냐"(렘 32:27).

주님 외에 해답이 없다고 고백한다면 우리는 주님밖에 의지할 곳이 없고 겸허하게 주님 앞에 무릎을 꿇고 기도하게 될 것이다.

기도도 훈련하지 않고는 깊은 기도로 들어갈 수가 없다. 금식 기도가 그렇다. 올림픽 출전을 앞두고 훈련을 하는 선수들을 보면 입이 딱 벌어지게 된다. 적의 공격에 대비하기 위해서는 강인해야 하기에 여자 선수들도 도저히 들을 수 없는 무거운 역기를 들어올리며 여러 가지 훈련을 받는다. 우리도 주님의 군사로서 그런 훈련을 하지 않고는 결코 승리할 수가 없다는 생각을 하게 된다. 간절하게 주님만을 붙잡고 기도하지 않으면 우리 앞에 언제나 태산이 가로막혀 있을 것이다.

성령이 부어 주는 금식 기도

구세군의 창시자 윌리엄 부스는 기도할 때 "주여, 이 기도를 들어주시지 않으면 나는 죽습니다"라는 간절한 기도를 했다고 한다. 그는 왜 이런 절규를 하나님께 드렸을까?

부유한 집안에서 자랐던 그는 아버지가 사업에 부도가 나자 13세에 영국 빈민가 전당포에서 일하기 시작했다. 그는 그곳에서 가난하고 궁핍한 사람들을 매일 접하며 그들의 어려움을 피부로 직접 느꼈다. 그는 이렇게 고백했다. "가난이 사람들을 어떻게 만드는지, 마치 초보 입문서로 배우듯이 기초부터 차근차근 배웠다." 그는 15세에 예수님을 믿게 되면서 신앙만이 생존을 위해 몸부림치고 있는 사람들에게 근본적으로 참 생명의 길을 가르쳐 줄 수 있다고 생각하여 감리교 목사가 되었다. 동부 런던의 시각장애인, 거지, 술집, 도둑, 매춘부 등 사회의 가장 낮은 계층에 복음을 전했고, 영혼의 구원뿐 아니라 굶주린 그들을 먹이는 일도 했다.

윌리엄 부스의 이런 사역은 오직 하나님께서 직접 행하셔야 가능하기에 그의 기도가 간절할 수밖에 없었고 "이 기도를 들어주시지 않으면 나는 죽습니다"라고 외쳤을 것이다. 우리에게도 절박한 일들이 수시로 생기기에 절규의 기도를 하나님께 드리지 않을 수가 없다. 그러기에 하루 금식 기도를 정하고 계속 걸어왔다.

2015년 8월 중순부터 일주일에 하루 금식 기도를 하기 시작할 때 같이한 사람은 15명이었다. 같이 시작한 15명 중에 중간에 잠시 쉬거나 중단한 일이 없이 완주한 사람은 나 외에 두 분이 또 있다. 우리 셋이 금식 기도를 어떻게 이어 갈 수 있었나 질문을 많이 받기에 하나님께서 하신 일을 나누고자 한다.

참으로 신기한 것은 일 년 동안 금식 기도를 하면서 몸이 아파 중단해야 하는 상황이 없었다는 것이다. 원래 나는 여러 가지 병으로 심각하게 많이 아팠고 약했던 사람인데 일 년 동안 오히려 몸이 건강했다. 처음 금식 기도를 하는 사람은 밤 12시가 되면 금식이 끝났다고 허겁지겁 먹는다고 하는데 나와 금식을 완주한 두 분도 식사를 한 날과 안 한 날의 차이를 못 느꼈다고 고백했다.

이제는 금식 기도를 하도록 강권적으로 마음을 주신 성령님께 감사드릴 뿐이다. 금식 기도로 더욱 깊이 주님께 기도드리게 되었고, 살아 계셔서 아버지의 뜻을 땅에서도 이루시는 모습을 보는 즐거움도 날로 새로워지게 되었다. 우리는 더욱 기도를 배우기를 소망한다. 그리고 계속 이렇게 기도할 수 있도록 주님께 도움을 청한다. 이제는 "나 기도하는 그 시간 그때가 가장 즐겁다"는 고백을 조금씩 배워 가고 있다.

참신앙의 힘

일 년 금식 기도 완주에서 1등을 한 서신암 치과 선생님은 우리와 같이 금식 기도를 일주일에 한 번씩 한 것 외에도 7일 금식 기도를 하였다. 옆에서 지켜보면 그분이 하나님이 부어 주시는 놀라운 힘을 받으며 살아가는 것에 감탄하게 된다.

　서 선생님은 매일 밤 11시~11시 반에 취침을 하고 새벽에 일어나 운전을 좀 해서 가는 거리의 교회 새벽 기도를 새벽 5시에 참석한다. 10살, 8살짜리 어린 두 아들을 도우미 없이 오전에 돌보고 오후에는 치과 진료를 하러 간다. 출근 전에는 어린 아들들이 집에 오면 배고파할까 봐 미리 쌀을 씻어 밥솥에 앉혀 놓고 버튼만 누르면 금방 밥이 되도록 준비한다.

　2년간 구강암으로 투병한 남편이 서울대 병원에 입원해 있었을 때는 차 밀리는 저녁 시간에도 수원에서 서울까지 운전해서 갔다.

남편을 섬기면서 이 모든 일을 했으니 하루를 48시간처럼 활용해야 했을 것이다. 남편이 퇴원한 후에는 남편이 물리치료를 받는 오전 시간에도 함께했는데 이런 상황에서 선생님은 "살거나 죽거나 그것은 주님 손에 맡기고 선한 이웃의 사명을 감사하며 감당하기를 소원합니다"라고 고백했다. 결혼 10주년을 맞아서는 오병이어의 헌금이 되어 캄보디아 교회가 세워지기를 소원하는 첫 부삽으로 하나님께 감사 헌금을 해 우리를 놀라게 했다. 이에 몇 달이 지나서는 우리 선교회에서 캄보디아 교회의 벽돌을 쌓기 위해 따로 저축을 시작했다.

옆에서 보면 그렇게 감당해야 할 일이 많았는데 하나님께서 공급하시는 힘이 얼마나 위대한지 실감하게 된다. "저런 모습이 바로 참신앙의 힘이구나! 이 모든 것을 오직 위를 바라보며 이기고 있다니!"라고 감탄하게 된다.

투병 생활을 하던 남편은 얼마 전에 천국으로 갔는데 서 선생님의 가정에 하나님의 위로가 끊이지 않는 것을 보면 참으로 경이롭다. 많은 분들의 방문과 기도를 통해 하나님의 위로와 격려의 말씀이 전해지고, 누가회(의료인들로 이루어진 초교파적 기독 봉사단체)에서도 찾아와 사랑의 손길을 느낄 수 있도록 해 주었다.

이런 분이 지난 일 년 동안 식사를 한 날과 안 한 날에 별 차이가 없었다는 고백을 들려주자 우리는 공감할 수밖에 없었다.

인생을 살다 보면 겉으로 볼 때 남의 집 잔디가 더 푸르러 보일 뿐이지 다른 사람들 또한 나처럼 여러 가지 문제를 지녔음을 알게 된다. 단지 눈을 들어 다른 사람들의 삶 속을 들여다보지 않아서 모를 뿐이다. 그리스도인이 다른 점이 있다면 하나님을 바라보고 각자 할 일을 순종하며 감당하되 무거운 짐은 주께 맡기고 안식을 누리는 것일 터이다. 이에 비해 가짜 그리스도인은 받은 은혜에 감사하기는커녕 신세타령만 하며 산다.

이런 내용의 동영상을 본 적이 있다.

강사로 나선 심리학자가 물이 든 컵을 들자 다들 "컵에 물이 얼마나 들어 있나요?"라는 질문을 예상했다 그러나 강사는 미소를 띠며 물었다. "이 물 한 컵이 얼마나 무거울까요?" 200ml, 500ml 등 다양한 대답이 나왔다. 그녀가 입을 열었다 "실제 무게는 그리 중요하지 않습니다. 사실 컵을 얼마나 들고 있느냐가 중요하죠. 이 컵을 1분간 들고 있으면 무게가 얼마 나가지 않게 느껴지겠지만 1시간 들고 있으면 팔이 꽤 아프지요. 하루 종일 들고 있으면 팔 전체가 굳고 저리겠죠. 우리 삶에서 스트레스는 이 물 한 컵과 같습니다. 어떤 문제를 오래 잡고 있으면 머리가 굳어지고 아무 일도 못합니다. 이제 문제를 내려놓으세요."

하지만 우리 예수님은 이 심리학자처럼 그냥 내려놓으라고만 하지 않으시고 우리를 쉬게 하신다고 약속하셨다.

"수고하고 무거운 짐 진 자들아 다 내게로 오라 내가 너희를 쉬게 하리라"(마 11:28).

기도를 통해서 모든 무거운 짐을 주님께 내려놓으면 우리는 어떤 어려운 일도 주님 품 안에서 쉼을 누리며 해 나갈 수 있다.

기도할 수 있는 특권을 사용하세요

사람들은 바빠서 기도할 틈이 없다고들 한다. 언젠가 홍콩대학교에서 CCC 사역을 할 때 한 교수님이 학생들에게 이렇게 가르치는 것을 듣고 당시 나는 어떤 말을 할 만한 위치가 아니라서 잠자코 있었다. 그분의 가르침은 "바쁜 현대인이지만 아무리 바빠도 아침에 샤워는 하고 나오니까 그 시간을 이용해서 기도하라"였다. 나는 이런 기도를 "하나님 하이! 하나님 바이!" 인사만 하는 '하이 바이 기도'라고 부른다. 반대로 빌 하이벨스 목사님은 《너무 바빠서 기도합니다》에서 이렇게 말했다. 우리는 너무 바쁘기에 더욱 기도의 골방에 들어가야 한다는 것이다. 주님의 도우심이 있어야만 우리는 인생이라는 항해를 할 수 있기 때문이다.

금식 기도를 완주한 다른 한 분도 치과 원장님이다. 유현아 원장님은 집이 목동이지만 인천에서 치과를 운영한다. 인천으로 출퇴근하면서 자녀가 셋 있는 가족을 섬기기도 바쁜데 주님을 인격적으로 만나고부터는 자가용을 이용하지 않고 한 번 갈아타야 하는 버스를 이용한다. 대중교통을 이용하다 보니 그 시간에 독서를 더 하게 돼 이제는 훨씬 편하다고 한다.

처음에는 종일 금식 기도를 하다가 요즈음은 수, 금요일 이틀을 4시까지 금식하는 날로 바꾸어서 기도한다. 하루에 성경 10장을 읽기로 정해 놓고 시간을 쪼개 다른 양서도 열심히 읽는다. 치과 교정을 하기 때문에 공부를 계속해야 하고 저널도 읽어야 하는데 성경을 우선순위에 두고 읽으면서 하나님께 지혜를 구한다고 한다. 유 원장님은 생활 규모도 확 줄여 검소하게 사는 삶으로 전향했다. 전에는 값나가는 유기농 음식을 선호했지만 지금은 그렇지 않고, 옷이나 필요한 물건도 절약하고 자가용 대신 버스를 타며 아낀 돈으로 우리 선교회의 도움이 필요한 환자와 열방을 위해 사용하고 있다.

정말로 환영할 만한 변화는 부부간의 사이가 매우 좋아졌다는 점이다. 자녀들이 갑자기 엄마 아빠 두 분 중에 누가 시한부 판정이라도 받았느냐고 질문할 정도다. 이 가정은 주님께 전적으로 순종하고 주님과 친밀한 교제 속에 살기에 천국의 지점에서 살게 되었다.

유 원장님은 그렇게 주님께 기도하고 주님께 집중하다 보니 다니엘처럼 기도하지는 못해도 그 깊은 교제의 즐거움 속에서 "나의 일생 다 가도록 기도하리라"는 고백이 나온다고 한다.

기도는 우리의 부담이 아니고 우리의 특권이다.

"볼지어다 내가 문 밖에 서서 두드리노니 누구든지 내 음성을 듣고 문을 열면 내가 그에게로 들어가 그와 더불어 먹고 그는 나와 더불어 먹으리라 이기는 그에게는 내가 내 보좌에 함께 앉게 하여 주기를 내가 이기고 아버지 보좌에 함께 앉은 것과 같이 하리라"(계

3:20-21).

　주님의 음성을 듣고 문을 열었을 때 주와 더불어 먹고, 이기는 그에게는 주님과 함께 보좌에 앉는 특권을 주신다는 것이 얼마나 멋있는 약속인가! 간절한 일을 두고 주님께 기도하며 주님과 친밀한 교제의 기쁨을 누린다면 결코 넘어지는 일 없이 모든 문제에서 주님과 더불어 이기는 자가 될 것이다.

6장

기도의
진수는
회개입니다

—

주는 죄악을 기뻐하는 신이 아니시니

악이 주와 함께 머물지 못하며

(시 5:4)

홀리 기도의 특징은 모일 때마다 "정결한 마음을 주시옵소서"라는 회개 기도를 제일 강하게 한다는 점이다. 15년 이상을 함께 동역한 윤난호 권사님은 기도회 때마다 "회개 기도를 하라"는 이야기를 듣고 처음에는 '회개했는데 또 회개를 해?'라고 반문했다가 이제는 기도하면 할수록 더욱 회개 기도를 하게 된다고 한다.

성경 전체가 "내가 거룩하니 너희도 거룩하라"(레 11:45; 벧전 1:16)라고 말씀하시는데 우리는 옛사람의 습관대로 육신을 따라 생각하고 걷는다. 홀리에서는 '기적을 상식처럼' 늘 체험하기에 기도의 응답으로 아버지께서 하시는 일을 바라보고 놀라는 것이 우리의 일이다. 이렇게 응답받고 주님의 뜻을 이루기 위해서는 늘 성령의 조명으로 "내가 거룩하니 너희도 거룩하라"는 말씀대로 걸어가고 있는지를 비추어 봐야 한다. 성령의 조명이 점점 더 환하게 비추어 오면 죄와 죄 된 본성이 너무나 싫어서 "정결한 마음 주시옵소서 오 주님, 정직한 영을 새롭게 하소서"라는 찬양을 부르며 예수의 피로 씻기기를 원하게 된다.

가장 강력한 기도, 회개

"주는 죄악을 기뻐하는 신이 아니시니 악이 주와 함께 머물지 못하며 오만한 자들이 주의 목전에 서지 못하리이다 주는 모든 행악자를 미워하시며"(시 5:4-5).

죄악을 행하는 모습으로는 하나님 앞에 나아갈 수 없다는 것은 성경 전체에 쓰여 있다. 악을 기뻐하는 하나님이 아니시며 악이 함께 거하지 못하기에 주님은 십자가에서 우리의 모든 죄악의 대가를 지불하시고 죄를 씻어 주셔서 하나님께 나아갈 수 있는 길을 열어 주셨다.

왜 가장 강력한 성결의 영으로 죄를 회개할 때 큰 부흥이 일어났는가? 우리나라 역사를 통해 보면 그동안 회개하지 않고 숨겼던 사실까지 자복하고 회개한 1907년에 대부흥운동이 일어났다. 하나님 앞에 당당히 나아가기 위해서는 주님이 흘리신 보혈로 우리 자신을 성결하게 씻어야만 할 것이다. 개인적인 기도나 우리 같은 사역을 위한 기도에서 가장 중요한 것은 하나님이 싫어하시는 죄를 속히 인정하고 예수님의 보혈로 씻고 나아가는 것이다.

우리는 보통 회개를 그저 대충 "지난 일주일도 주님 뜻대로 살지 못한 것 용서하여 주십시오"라고 고백하면서 마음으로는 진실로 아파하지도 않는다. 그러면서 회개를 했으니 '통과'했다고 여긴다.

누가복음 15장에서는 아버지 품을 떠나 허랑방탕했던 잃어버린 아들의 이야기가 나온다. 아버지는 그 아들은 늘 기다렸다. 아버지의 집에 돌아온 아들은 정중하게 아버지께 고백한다.

"아들이 이르되 아버지 내가 하늘과 아버지께 죄를 지었사오니 지금부터는 아버지의 아들이라 일컬음을 감당하지 못하겠나이다 하나"(눅 15:21).

이처럼 회개는 건성으로 대충 넘어가는 것이 아니라 정중한 사과가 포함되어야 한다.

예수님을 만난 삭개오도 즉시 행동하는 회개를 고백했다. 예수님을 뵙는 순간 그 환한 빛에 자신의 죄 된 삶이 싫어졌을 것이다.

"예수께서 그곳에 이르사 쳐다보시고 이르시되 삭개오야 속히 내려오라 내가 오늘 네 집에 유하여야 하겠다 하시니 급히 내려와 즐거워하며 영접하거늘 뭇 사람이 보고 수군거려 이르되 저가 죄인의 집에 유하러 들어갔도다 하더라 삭개오가 서서 주께 여짜오되 주여 보시옵소서 내 소유의 절반을 가난한 자들에게 주겠사오며 만일 누구의 것을 속여 빼앗은 일이 있으면 네 갑절이나 갚겠나이다"(눅 19:5-8).

죄를 인정하는 정중한 사과와 행동하는 회개는 "주시옵소서"를 연발하는 기도보다 훨씬 더 강력한 기도다.

새사람, 새 습관을 위한 훈련

몇 달 전부터 같이 금식 기도를 시도한 어느 교회의 사모님이 이런 고백을 들려주었다.

"권사님 말씀대로 부족하지만 금식을 하니까 제 죄들이 아주 잘 보입니다. 이기적인 것, 도와야 할 때 계산기 두드리는 것, 힘들 때 주님께 의뢰하지 않고 나만의 안식처로 피하는 것, 하나님을 신뢰하지 못하는 것 등입니다. 한 번도 하나님을 의심한다고 생각해 본 적이 없지만 나의 근심과 염려와 걱정이 그 증거임을 알았습니다.

매 순간 주님을 의뢰하고 나를 선택하지 않아야 함을 알고 있지만 평생 가져온 습관은 새로운 습관을 낯설어하고 받아들이지 않으려 합니다. 날마다 제 생각을 성령의 생각으로 바꾸는 것이 결코 쉽지 않습니다. 믿음 없는 현실적이고 이성적인 생각을 보이지 않는 믿음의 생각으로 바꾸는 것이요. 적은 밖에도 있지만 진짜 적은 저의 이성적이고 현실적이고 논리적인 사고가 아닐까 생각합니다.

그러나 권사님 말씀처럼 금메달을 따기 위한 수많은 땀과 노력이 주님 뜻대로 사는 데도 필요함을 압니다. 실수도 하고 실패도 하지만 하나님만 따라가렵니다. 지속적인 기도 감사드립니다, 권사님!"

사모님의 표현대로 새사람, 새 습관은 하루아침에 숙달되지 않는다. 영적인 훈련이 몸에 배어야 육신의 본성대로 걷지 않고 성령을 따라 걷게 된다.

행동하는 회개 기도

'기도의 진수'를 새롭게 배우면 마치 우리가 날마다 필요로 하는

산소로 호흡하듯이 기도 응답을 체험하는 것이 정상이다. '기도의 진수'를 맛보려면 '기도의 정의'부터 새롭게 해야 할 것이다. 우리는 "기도해 주세요"라고 기도 부탁을 들으면 기도를 마치 '무엇을 하나님께 받아 내기 위한 수단'으로 생각해서 무언가를 받기 위한 방법론을 주로 이야기한다. 금식 기도, 철야 기도, 작정 기도 등으로 말이다. 하지만 이사야 58장에는 금식을 해도 응답되지 않은 이유가 자세히 설명이 되어 있다.

"우리가 금식하되 어찌하여 주께서 보지 아니하시오며 우리가 마음을 괴롭게 하되 어찌하여 주께서 알아주지 아니하시나이까 보라 너희가 금식하는 날에 오락을 구하며 온갖 일을 시키는도다 보라 너희가 금식하면서 논쟁하며 다투며 악한 주먹으로 치는도다 너희가 오늘 금식하는 것은 너희의 목소리를 상달하게 하려는 것이 아니니라 … 내가 기뻐하는 금식은 흉악의 결박을 풀어 주며 멍에의 줄을 끌러 주며 압제당하는 자를 자유하게 하며 모든 멍에를 꺾는 것이 아니겠느냐 또 주린 자에게 네 양식을 나누어 주며 유리하는 빈민을 집에 들이며 헐벗은 자를 보면 입히며 또 네 골육을 피하여 스스로 숨지 아니하는 것이 아니겠느냐"(사 58:3-4, 6-7).

말씀에서는 먼저 행동하는 회개 기도를 가르쳐 주고 있다. 주님을 경외하고 사랑하며 주님을 높이기 원하는 사람은 기도 제목도 동일하게 주님과의 교제를 기뻐하며 주의 뜻 행하기를 소원하는 내용일 것이다. 우리의 소원은 우리 자신을 위한 것보다는 먼저 주님의 나라와 그 의를 구하는 것으로 가득 찰 것이다. '나의 뜻'보다는 '주님의 뜻'을 따라 살기를 원하며 순종하는 사람에게 기도의 응답은 셀 수 없이 내려진다. 많이 받은 신앙의 선배들이 고백했다. "순종하는 만큼 하늘 문이 열린다!"

"가난한 자를 보살피는 자에게 복이 있음이여 재앙의 날에 여호와께서 그를 건지시리로다"(시 41:1).

"가난한 자를 불쌍히 여기는 것은 여호와께 꾸어 드리는 것이니 그의 선행을 그에게 갚아 주시리라"(잠 19:17).

이런 수많은 약속의 말씀을 우리 아버지께서는 어기신 적이 없다. 다윗은 이러한 "여호와의 선하심을 맛보아 알지어다"라고 했다. 그의 선하심을 맛보는 인생은 항상 행복할 것이다.

"주께서는 못하실 일이 없사오며 무슨 계획이든지 못 이루실 것이 없는 줄 아오니 무지한 말로 이치를 가리는 자가 누구니이까 나는 깨닫지도 못한 일을 말하였고 스스로 알 수도 없고 헤아리기도 어려운 일을 말하였나이다 내가 말하겠사오니 주는 들으시고 내가 주께 묻겠사오니 주여 내게 알게 하옵소서 내가 주께 대하여 귀로 듣기만 하였사오나 이제는 눈으로 주를 뵈옵나이다 그러므로 내가 스스로 거두어들이고 티끌과 재 가운데에서 회개하나이다"(욥 42:2-6).

욥은 하나님이 인정하시는 의롭고 경건한 사람이었지만 나중에 그가 깨달은 것은 하나님은 잘 알 수도 없고 헤아리기도 어려운 분이라는 것이었다. 하나님은 못하실 일이 없고 못 이루실 계획이 없으셨다. 자신은 여태 귀로만 하나님에 대해 들었는데, 그것만 가지고 자신이 하나님을 알고 있다고 생각했다. 욥이 하나님을 눈으로 뵙고는 즉시 회개하는 모습이 깊이 묵상이 되었다.

정말 주께서는 못하실 일이 없으신 분이다. 주님께서 말씀하신 대로 주의 길을 따라갈 때 우리는 주의 영광을 보는 동시에 그의 임재가 너무도 강하여 우리가 지극히 작음을 고백하게 된다.

7장

겸손으로 구하면
상황을 뛰어넘게
됩니다

—

사람아 주께서 선한 것이 무엇임을
네게 보이셨나니 여호와께서 네게 구하시는 것은
오직 정의를 행하며 인자를 사랑하며 겸손하게
네 하나님과 함께 행하는 것이 아니냐
(미 6:8)

"사람아 주께서 선한 것이 무엇임을 네게 보이셨나니 여호와께서 네게 구하시는 것은 오직 정의를 행하며 인자를 사랑하며 겸손하게 네 하나님과 함께 행하는 것이 아니냐"(미 6:8).

하나님께서 우리에게 구하시는 것은 하나님의 일이든 그 어떤 일이든 하나님을 제쳐 놓고 우리 마음대로 혼자 하지 않고 겸손히 하나님과 함께 행하는 것이라고 말씀하셨다. 하나님과 함께 행할 때 우리는 당연히 정의를 행하며 걸을 것이다. '하나님 앞에서'(Coram Deo) 행하기 때문이다. 하나님과 함께 걸어온 사람은 이렇게 찬양할 것이다. "주가 나와 동행을 하면서 나를 친구 삼으셨네. 우리 서로 받은 그 기쁨은 알 사람이 없도다."

반대로 하나님을 믿는다고 하면서 범사에 하나님을 인정하지 않고 세상 사람들이 사는 대로 따라가며 살았던 사람은 슬퍼하면서 이렇게 한탄할 것이다. "나 주를 멀리 떠났다 이제 옵니다 … 그 귀한 세월 보내고 이제 옵니다 나 뉘우치는 눈물로 이제 옵니다."

오직 위에서 부르신 부름의 상을 바라고 푯대를 향하여 달려가는 사람은 아버지를 기쁘시게 할 일을 찾고 겸손히 아버지와 함께한다. 그렇기에 매일 발걸음마다 아버지가 행하시는 일을 보며 기쁨의 찬가를 부르고 상황을 뛰어넘는 응답을 보며 산다.

기도란 겸손하게 하나님과 함께 행하는 것

하나님은 우리가 눈으로 보는 현실을 뛰어넘어 온 세계를 흔드시는데 전혀 예상치 않는 가난한 나라에서도 하나님께서 하시는 일을 보면 우리는 경이로움과 기쁨으로 계속 달려갈 에너지가 생긴다.

2015년 4월 25일 오전 11시 58분, 강도 7.8의 대지진이 네팔에서 일어나 8,000여 명이 사망했고 2만 1,000명이 부상을 당했다. 교회에서 인도자가 찬양을 마친 후 슈랜드라 목사님이 말씀을 전하려고 일어나는 순간 지진이 거대한 파도처럼 카트만두를 강타한 것이다. 지진이 나자 임마누엘 교회의 슈랜드라 목사님이 앞장서서 집이 무너져 갈 데 없는 교인들에게 방과 주방이 달린 건물을 지어 주었다. 이때 생각지도 않게 러시아에서 375만 원을 보내왔다. 무슬림 지역에서 사역하는 올가 전도사님이 전한 헌금이었다. 그런 헌금을 보내리라 전혀 기대하지 않았고 서로 그런 대화를 나누어 본 적도 없는데 러시아에서 네팔의 뉴스를 보고 보낸 것이었다.

주님의 일을 한다고 하면서 혼자 이리 뛰고 저리 뛰면 상처받고 힘이 들 텐데 미가서 6장 8절의 말씀대로 겸손하게 하나님과 함께 행하면 우리는 독수리처럼 비상할 수 있다.

세월이 너무나 빠르게 흘러간다. 그 시간을 주님과 동행하면 우리는 결코 "나 뉘우치는 눈물로 주께 옵니다"라고 탄식할 일이 없을 것이다. 주님의 권면을 잘 깨달으면서 따라가야 할 것이다.

유명한 찬양 전도자 파니 크로스비(Fanny Jane Crosby)는 1살 때 아버지를 잃고 6살 때 시력을 잃어 평생을 시각 장애인으로 지냈지만 8,000여 편에 달하는 찬송시를 쓰며 감사와 찬양을 하나님께 드리는 삶을 살았다. 참된 신앙인이라면 어떠한 상황과 환경에서도 "높은 산이 거친 들이 초막이나 궁궐이나 내 주 예수 모신 곳이 그 어디나 하늘나라"라는 고백을 드릴 수 있다. 만약 이 고백이 나오지 않는다면 우리는 과연 참된 그리스도인인지를 한번 점검해 봐야 할 것이다. 파니 크로스비의 '시'를 찬양으로 부를 때마다 정말 하나님과 친밀한 교제를 누리는 기쁨이 전달된다. "주의 얼굴을 항상 뵈오니 더욱 친근합니다."

"예수께서 대답하여 이르시되 사람이 나를 사랑하면 내 말을 지키리니 내 아버지께서 그를 사랑하실 것이요 우리가 그에게 가서 거처를 그와 함께하리라"(요 14:23).

주님께서 거처를 함께하시므로 우리 입술에서 "주의 얼굴을 항상 뵈오니 더욱 친근합니다"라는 고백이 나오는 것이다. 이것은 주님을 사랑하며 주의 말씀을 지키는 사람의 특권이다.

하나님 말씀을 자세히 읽고 묵상하며 억지로 순종하는 것이 아니고 주님 사랑에 매여 기쁘게 순종할 때 우리는 우리 가운데 계신 주의 영광을 늘 볼 수가 있다. 말씀을 읽지 않고 동행하지 않으면 아버지의 뜻을 전혀 알 수가 없고 겸손하지 않고 순종하지 않는 지식으로는 아무런 역사가 일어나지 않을 것이다.

말씀대로 행할 때 주의해야 할 점이 있다. 하나님이 모든 것의 소유주이시고 우리는 그분의 뜻에 따라 순종할 뿐이라는 겸손한 자세로 해야지, 하나님을 무슨 '거래 대상'처럼 여긴다면 하나님께서 채워 주시는 경이로운 체험을 맛보지 못하리라는 점이다. 그 무엇을 하든지 하나님은 영광 받으시고 경외 받을 분이시지 우리의 거래 대상이 아니다. 그 무엇을 해도 아버지의 것을 아버지의 뜻대로 사용한다는 것이 기본 정신이다.

몽골의 사랑의궁정 교회는 부모가 일을 나가서 집에 혼자 남겨진 아이들에게 주님이 함께 거처해 주시길 바라는 마음으로 아이들을 위한 공부방을 운영하면서 성경 말씀도 가르치는 중요한 사역을 하고 있다. 우리 선교회는 이 교회에 다달이 지원하는 것 외에 겨울이 길고 추우면, 특히 영하 40도까지 내려가는 때에는 몇 백만 원을 석탄값으로 추가 지원해 준다. 하나님은 그때마다 세계에 흩어진 하나님 자녀들의 마음을 흔드셔서 우리를 통해 이들에게 지원금을 보낼 수 있도록 하신다. 이를 볼 때 우리 행복동 주민들 또한 "주의 얼굴을 항상 뵈오니 더욱 친근합니다"라고 찬양하게 된다.

한번은 미국 뉴저지 섬기는교회의 박순탁 목사님이 한국에 잠시 방문하셨다. 목사님이 교회에서 모은 몽골 선교 후원금을 전달해 달라고 하셔서 참으로 감사한 마음으로 몽골에 전달했다. 미국에서 부부가 모두 나서서 열심히 일해 모아 주신 헌금이라 더욱 귀했다. 동시에 다른 나라에서도 "하나님께 헌금을 드릴 수 있어서 감사드려요"라는 고백과 함께 겨울 석탄값을 보내오셨다. '사랑의궁정 교회'의 마그나이와 나라 목사님은 우리 선교회로부터 겨울 석탄값을 지원받듯이, 난방비를 감당할 수 없어 겨울에는 문을 닫고 마는 다른 시골 교회에 석탄값을 지원했다. 이 교회를 지원할 때 해마다 하나님 일하시는 방법이 다르다. 먼 지방에서 참된 신앙생활을 어떻게 해야 할지 상담을 하러 올라온 분이 있었다. 그날 그분과 교도소를 같이 방문했는데, 그분이 우리와의 동행에서 우리의 일거수일투족을 보고는 해답을 얻었다고 고백했다. 말씀을 깊이 묵상하고 말씀 중심으로 겸손하게 기도하며 사랑으로 서로 교제하는 모습을 보고 자신도 그렇게 해야겠다고 하면서 헌금을 보내왔다. 이 헌금으로 역시 몽골을 지원할 수 있었다.

막힌 길 앞에서 주님만 바라보겠다고 결정하라

"그의 귀를 내게 기울이셨으므로 내가 평생에 기도하리로다"(시 116:2).

신앙생활을 하면서 이 고백을 할 수 있고, 기도한 후 "하나님께서 이렇게 내 기도에 귀 기울여 주셨어요"라고 응답받은 것을 보여 줄 수 없다면 우리의 기도는 어떤 형식으로 하든 맥 빠진 기도밖에 되지 않을 것이다.

중국에서 섬기고 있는 최화 전도사님은 한국에서 우리 선교회의 도움으로 신학 공부도 하고 결혼식도 할 수 있었다. 남편과 함께 중국으로 돌아갈 때 더 이상 우리 선교회의 후원을 받지 않겠다고 선언했는데, 이때 남편에게 '비비안' 내의를 만들어 달라는 청탁이 들어왔다. 다른 곳에 의지하지 않고 겸손히 주님만 바라보겠다는 결정을 했을 때 사업의 길이 열린 것이다.

하지만 계속된 한국의 경기 침체로 주문이 들어오지 않아 많이 힘들어했는데 믿음으로 하나님을 바라봤고 네팔에서 지진이 일어났을 때는 큰 액수인 50만 원을 헌금으로 보내왔다. 금년에는 그전보다 더 많은 주문이 들어와서 이렇게 할 수 있도록 인도하신 하나님께 찬양하고 감사한다는 이야기와 함께였다. 이렇게 살아 역사하는 신앙이 없다면 우리는 계속 진전을 할 수 없을 것이다.

남편이 직장에서 영국 출장이 잡힌 일이 있었다. 영국에는 우리 고석만 선교사님 부부가 사역하고 있기에 같이 가기로 결정했다. 그런데 그 출장이 갑자기 취소되었고 한 다급한 전화를 받게 됐다. 주변에 친척도 친구도 없는 한 어려운 가정에서 갑자기 동생이 세상을 떠났다는 소식이었다. 너무나 당황한 상태에서 시신을 병원으로 옮겨 놓고 전화한 것이었다. '취소된 출장과 다급한 장례 일정'

을 바라보기보다 주님을 바라봤다. '장례 일정은 미룰 수도 없는데 만약 내가 외국에 가 있으면 안 되겠기에 하나님께서 출장을 취소하셨구나' 생각하고 곧바로 병원으로 갔다.

장례의 모든 것을 다 도울 수 있도록 그때에도 하나님께서 역사하셨다. 하나님은 주님만 바라보겠다고 결정하고 순종하는 발걸음마다 역사하신다. 장례식이 결혼식보다 더 힘든 것이, 결혼식은 미리 준비도 하고 계획도 하지만 장례식은 아무 준비 없이 갑자기 세상을 떴더라도 필수적인 비용은 지출해야 하기 때문이다. 하나님의 심복이 되어 쓰임 받는 것은 정말 영광스러운 일이다. 하나님께서 행하시는 일을 직접 볼 수 있기 때문이다.

"여호와께서 내 간구를 들으셨음이여 여호와께서 내 기도를 받으시리로다"(시 6:9).

외상 없이, 빚지는 일 없이

우리는 성경에서 말씀하신 대로 어떠한 경우에도 빚을 지는 일을 하지 않는다.

"피차 사랑의 빚 외에는 아무에게든지 아무 빚도 지지 말라 남을 사랑하는 자는 율법을 다 이루었느니라"(롬 13:8).

당연히 세금을 포탈하거나 정직하지 않은 방법으로 돈을 버는 일은 생각하지도 않는다. 동역자들 또한 '정도를 걷자'라는 기본 원칙대로 이 세상을 살아가는 겸손한 사람들로 구성되어 있다. 신용카드도 단지 현금을 가지고 다니기 불편하니까 쓰는 것이지 '카드도 하나님이 주셨다'라면서 함부로 사용하지 않는다. 할부로 물품을 사는 것도 하지 않는다. 어떤 유명한 사역자는 하나님이 신호를 주시면 은행에서 대출해 주는데 왜 진행하지 않느냐고, 대출도 필요할 땐 받는 것이 좋은 믿음이라고 설명하기도 하지만 말이다. 우리 선교회는 조지 뮬러가 세운 고아원이 뮬러가 세상을 떠난 후에도 외상으로 물건을 사지 않고 빚을 지지 않는 원칙을 따르는 것처럼, 동일하게 하나님의 말씀대로 따라갈 것이다.

한국 교회에서 극단적인 모습을 많이 본다. 선교사 한 명을 파송해 놓고 제대로 후원금을 보내지 못해서 사역을 중단하게 되는 교회와 많은 사역을 하고 많은 선교사를 보낸다고 계속 은행 빚을 져서 빚이 엄청나게 쌓인 교회다. 선교 사역뿐 아니라 모든 사역을 과감하게 빚을 내어 진행하는데 모두들 당연히 그렇게 하는 것으로 알고 따라간다. 개인 생활에서 당연하게 빚을 지는 우리 국민성은 가정 경제에서만이 아니라 개인 사업에도 나타난다. 은행 대출이나 사채를 얻은 돈을 마치 자기 돈인 양 착각하고 사용하기에 겉으로 봐서는 어떤 경제 구조를 가졌는지 잘 모른다. 그러나 어느 시점이 되면 더 이상 감당을 못할 정도가 되어 파산하고 마는 것을 너무나 많이 본다. 이 정도까지 가지는 않더라도 수입보다 더 많이 지출을 해서는 늘 빚을 안고 살아야 하는 것은 참으로 위험하다.

쉼터 3층 건물을 짓던 해에는 러시아와 몽골에서 교회 건축을 하는데 지원해야 했고 영국에도 건축 비용을 보내야 했다. 그럼에도 전혀 빚을 지지 않았다. 선교회에서 승합차 두 대를 살 때도 우리는 할부 구입 대신 현금을 공급받아 구매했다. 넉넉하게 사역하고자 낸 빚을 다음 세대에 넘겨주거나 궁핍해서 해야 할 사역을 못하는 일은 하나님을 신뢰하고 정도를 걷는 겸손한 사람들에게 없을 것이다.

하나님이 하십니다

우리 선교회는 한국에서 사역하시는 분이나 해외에서 사역하시는 분들께 하나님의 물질을 나눔으로써 하나님 나라의 확장에 동역한다. 선교회 자체 사역으로 물질을 쏠 데가 많아 다른 기관이나 개인 선교사를 후원하기는 쉽지 않지만, 하나님께서는 "남을 윤택하게 하는 자가 윤택해진다"는 그분의 원칙을 말씀하셨다. 우리는 정기적으로 후원하는 분들 외에도 오지에서 수고하는 분들을 기억하며 함께 짐을 지고 도우려 힘쓰고 있다.

다섯 나라에 있는 선교사님들을 위해 기도하면서 마음이 아팠다. 요즈음 환율 변동이 심하지만 교회나 개인 후원자가 환율 변동까지 생각하지는 않을뿐더러, 불경기라 많은 분들의 사정이 어려워 오히려 그분들께 보내던 후원금도 잘 못 보낼 것으로 짐작됐다.

우리가 지원하는 신학생 외에 공부하는 다른 분들께 장학금을 후원했던 것을 이번에도 계속할 것을 생각하며 기도하는데, 위의 다섯 나라 선교사님께 더 많이 후원하고 싶었다. 그때는 평소 쉼터 경비와 일반 지출 외에도 지출이 많아 재정이 다 된 상태에서 주님께 위의 다섯 분 중 가장 도움이 필요한 분을 말씀해 달라고 기도했다.

한 시간쯤 후에 응답이 왔다. 너무나 놀라운 방법으로 주님은 다시 한번 풍성한 대로 채우셨다. 한 분이 외국에 있는 자녀를 보러 공항으로 떠나는데 하나님께서 급히 헌금을 우리 선교회에 하고 가야 한다는 마음을 주셨다고 하면서 1,000만 원을 보내고 떠나신 것이다. 이분은 그때까지 한 번도 우리 선교회에 헌금을 하신 적이 없는데 하나님께서 그 마음을 흔드신 것이 너무나 놀라웠다. 하나님께서 그 심령에 직접 확성기를 대고 말씀하신 것이다. 우리는 이 헌금으로 다섯 분에게 200만 원씩, 평소 장학금 지불하던 두 분에게도 100만 원씩 하여 모두 1,200만 원을 일사천리로 보낼 수 있었다. 이럴 때 우리는 기쁨의 환호성을 지른다. 그분들이 새 힘을 얻을 것을 생각하면 우리가 그 돈을 사용하는 것보다 훨씬 더 기쁘다.

선교 헌금을 받으신 선교사님 한 분이 메일을 보내왔다. 영하 20도의 날씨에 심한 독감을 앓으면서 여러 가지 걱정에 빠져 있었는데 하나님께서 "내가 여기 있으니 아무 염려 마라" 하는 음성을 들려주신 것같이 새 힘이 나셨다는 것이다. 다른 분들도 이 같은 말씀을 전해 오셨다.

이런 경이로운 현장에서 언제나 하나님께서 하시는 일을 목도하게 하시는 영광을 주신 것이 오직 감사할 뿐이었다. 다시 반복하지만 우리가 하는 일은 가만히 서서 주님께서 하시는 일을 즐겁게 보는 일뿐이다. 너무나 놀라워서 욥처럼 저절로 티끌과 재 가운데서 철저히 자신을 회개하고 정결해지기를 소망하게 된다.

주께서는 못하실 일이 없으며 무슨 계획이든지 못 이루실 것이 없고 모든 상황을 뛰어넘으심을 알게 해 주셔서 감사하다. 날마다 그렇게 인도하시는 하나님을 찬미한다. 그리고 우리가 나눌 수 있도록 풍성한 헌금을 한 그 모든 손길이 주님의 손길로 쓰임 받기를 기도한다. 우리가 주님의 뜻을 행하면 우리의 손은 그분의 손이 되고 우리의 발은 그분의 발이 된다. 그분의 사랑을 말하면 우리의 입은 그분의 입이 된다. 우리가 가는 곳마다 마른 뼈다귀가 생기를 입어 살아나는 것을 보는 이 즐거움, 이 기쁨은 세상 그 어떤 것과 비교할 수가 없다.

8장

어제도 오늘도
동일하게
순종하세요

—

이는 그들이 그 떡 떼시던 일을 깨닫지 못하고
도리어 그 마음이 둔하여졌음이러라
(막 6:52)

지난 시간의 기록을 읽어 보면 홀리네이션스 선교회에서는 언제나 하늘을 바라보며 우리의 달리기를 해 왔다. 이런 믿음의 현장은 우리의 심장을 강하고 담대하게 만드는 순종의 훈련을 지속적으로 쌓았기 때문에 가능했다. 우리 행복동의 사람들은 뒷짐을 지고 "하나님이 어떻게 하시는가 보자"라고 있는 것이 아니라 초대교회처럼 내 것을 내 것이라 하지 않는 마음을 가지며 하나님이 우리 모두에게 나눠 주신 해어지지 않는 지갑을 소유하고 있다고 믿는다.

이란에서 온 지미의 결혼식을 준비하면서 겨울에 추울 외국인들을 위하여 내복을 200벌 마련하고, 동시에 외국인 학생이 한국으로 와서 항공료를 지불했는데 카메룬에서 온 자매의 자궁 근종 수술도 지원해야 할 때가 있었다. 단시간에 이런 일들은 해결하려면 하나님께서 퀵 서비스를 보내 주셔야 감당할 수 있는데 우리는 이 과정에서 입으로만 "아멘, 믿습니다" 하지 않는다. 금보다 더 귀한 믿음으로 순종하며 행진한다.

"너희 믿음의 확실함은 불로 연단하여도 없어질 금보다 더 귀하

여 예수 그리스도께서 나타나실 때에 칭찬과 영광과 존귀를 얻게
할 것이니라"(벧전 1:7).

주님을 신뢰하는 훈련의 반복

마가복음 6장 35-44절을 보면 예수님의 제자들이 오병이어의 놀
라운 기적을 주님 옆에서 직접 체험한 이야기가 나온다. 그러나 이
어지는 47-52절을 보면 배에서 겪는 풍랑에 자신들이 눈으로 보았
던 오병이어의 기적이 그들의 기억에서 싹 사라져 버렸음을 알 수
있다.

"이는 그들이 그 떡 떼시던 일을 깨닫지 못하고 도리어 그 마음이
둔하여졌음이러라"(막 6:52).

이들은 후에 예수님께서 하시는 말씀을 전혀 이해하지 못해 책망
받았다.

"예수께서 경고하여 이르시되 삼가 바리새인들의 누룩과 헤롯의
누룩을 주의하라 하시니 제자들이 서로 수군거리기를 이는 우리에
게 떡이 없음이로다 하거늘 예수께서 아시고 이르시되 너희가 어찌
떡이 없음으로 수군거리느냐 아직도 알지 못하며 깨닫지 못하느냐
너희 마음이 둔하냐 너희가 눈이 있어도 보지 못하며 귀가 있어도
듣지 못하느냐 또 기억하지 못하느냐 내가 떡 다섯 개를 오천 명에
게 떼어 줄 때에 조각 몇 바구니를 거두었더냐 이르되 열둘이니이

다 또 일곱 개를 사천 명에게 떼어 줄 때에 조각 몇 광주리를 거두었더냐 이르되 일곱이니이다 이르시되 아직도 깨닫지 못하느냐 하시니라"(막 8:15-21).

한 번 순종했다고 하나님을 끝까지 신뢰하게 되는 것이 아니다. 반복되는 모든 상황마다 하나님을 신뢰하는 훈련, 하나님을 신뢰하여 그분의 말씀에 순종하는 훈련이 필요하다. 우리도 한없이 부족한데 16년째 우리와 동행하시는 주님을 신뢰하는 훈련을 반복해서 받게 해 주신 것을 감사드린다.

스마트폰이 온 나라 사람들의 손에서 떠나지 않는다. 어린아이들에서 노인들까지 너도나도 스마트폰을 소유하고 있다. 어떤 분들은 주변 사람들이 스마트폰을 사용하니까 자신도 구입했지만 설명서를 들여다보지 않아 스마트폰에 그렇게 많은 기능이 있는 줄 모르고 그저 전화만 받는다. 심지어 전화번호를 저장하는 법을 몰라 전화를 걸 때마다 수첩을 펴서 번호를 확인하는 분도 보았다. 한번은 내게 전화가 걸려 와 "○○○ 장로님이세요?"라며 전화를 받으니 장로님이 놀라시며 "권사님, 내 목소리 어떻게 알았어요?"라고 묻는 것이다. 스마트폰에 그분 성함을 입력할 수 있다는 것을 전혀 모르기에 그렇게 놀란 것이다. 모르면 잘 아는 사람에게 배우면 되는데 그런 노력도 전혀 하지 않는다.

우리는 홀리네이션스 선교회라는 큰 배를 항해하면서 스마트폰 설명서를 들여다보는 정도를 넘어 우리를 가이드해 주는 성경을 반복해서 본다. 이 가이드북이 없으면 우리는 한 걸음도 움직일 수 없기 때문이다.

미얀마 학생인 '망'은 한 신학대학원에 입학하여 이미 한 학기를 공부한 상태인 친구 '숨'을 소개해 그가 우리 선교회 소속 학생이 되도록 도왔다. 숨은 아르바이트를 해서 공부할 예정으로 왔는데 학비 내랴 한 달 생활비를 내랴 너무나 힘이 들어서 공부도 제대로 할 수 없을 정도라고 자신의 사정을 털어놨다.

숨이 하루는 내게 간절히 도움을 요청했다. 이번 학기 등록금을 분할해 냈는데 그중 90만 원을 미납해 학교에서 그 돈을 내라고 통보가 왔다는 것이다. 학교에서 통보한 기한은 연락을 받은 그 날이었다. 원래 학생들을 받으면 그다음 학기부터 우리가 지불하는데 그 전에 못 낸 것을 요청한 경우는 처음이었다. 게다가 이틀 후면 여러 나라 지원을 위해 지출을 많이 해야 했고, 병원에 입원 중인 외국인 환자도 있는 상황이었다.

이런 요청을 받을 때 우리는 관례나 우리의 생각보다 '예수님이라면 어떻게 할 것인가?'라고 질문하면서 성경에서는 어떻게 말씀하셨나 따라 들어간다.

주님은 우리에게 이렇게 가르쳐 주셨다.

"주라 그리하면 너희에게 줄 것이니 곧 후히 되어 누르고 흔들어 넘치도록 하여 너희에게 안겨 주리라 너희가 헤아리는 그 헤아림으로 너희도 헤아림을 도로 받을 것이니라"(눅 6:38).

이 말씀에 순종하여 숨이 헐레벌떡 차게 달려와 걱정을 한가득 하고 있는 숨의 학비를 먼저 지원했다. 그리고 주님은 이 약속대로 후히 되어 누르고 흔들어 넘치게 하여 우리에게 안겨 주셨다. 외국에서 한 분이 헌금을 해 오신 것이다. 그분은 이런 문자를 보내 오셨다. "주님의 선한 청지기의 삶을 살기를 소망하는 갈망이 더 간절하게 생깁니다. 이번에도 헌금하고 싶은 마음을 주셨는데 마침 한국 통장에 그 금액만큼의 여유가 생기게 되어 하나님의 인도하심으로 받아들여져서 감사하게 헌금하게 되었습니다. 주님의 일에 조금이나마 동참하게 되어서 감사할 따름입니다."

크리스마스 파티를 하는 날 숨을 소개한 망이 친구가 등록금 때문에 걱정했는데 선교회에서 급하게 내 준 것을 전화로 들었다며 같이 놀라하며 기뻐했다.

믿음으로 준비한 그릇만큼 채우시는 주님을 찬양한다. 우리의 가이드북인 말씀을 꾸준히 보고 그대로 따라가면 주님의 약속을 당신도 체험할 수가 있다.

부족할 때도 순종하라

광주 교도소에 갔다 오는 길에 밤은 깊어 어두운데 어느 지점에서 하늘을 온통 뒤덮은 새들의 행진을 보았다. 새들이 굉장히 많아 빠른 속도로 운전해 가는 우리 차량 위를 한참 따라왔다. 차 안에 있던 우리 네 명은 진기한 풍경에 한참을 구경했다.

새들의 행진을 보면서 하나님께서 언제나 우리 선교회에 그렇게 많은 새들을 보내 주심을 감사했다. 기도하면서 우리 주님과 제자들이 주고받은 대화처럼 주님과 대화해 보았다.

"그들에게 이르시되 내가 너희를 전대와 배낭과 신발도 없이 보내었을 때에 부족한 것이 있더냐 이르되 없었나이다"(눅 22:35).

"함께 정기적으로 선교 헌금을 하던 손길이 끊어졌다고 선교비가 부족했느냐?"

주님께서 물으시는 것을 상상하며 대답했다.

"아니요, 주님께서 우리 홀리의 회장님이신데 항상 부족함이 없었습니다. 감사를 표현할 단어가 없어요, 나의 주님!"

아주 큰 소리로 감사의 눈물을 흘리며 이렇게 말씀드릴 수 있다.

다른 곳에서는 새 회계 연도가 시작되면 예산결산위원회가 모여 회의하느라 많은 시간을 소모한다. 하지만 우리의 예산과 결산은 다음과 같다.

예산: 필요한 만큼, 우리가 땅을 밟는 만큼.

결산: 16년 동안 언제나 넘쳤음. 풍성하게 채우리라는 약속을 어기신 적이 없습니다.

복음을 전하는 이 현장에서 우리는 항상 광야에 매일 내리는 만나를 더 정신 차리고 바라보아야 했다. 다른 표현을 하자면 더 많은 새들이 행진하는 것을 바라보았다. 채워 주실 때도 부족할 때도 동일하게 하나님께 순종했다. 그러다 보니 춥고 배고파서 굶어 죽어 가는 지역에서 하나님이 긴급하게 역사하시는 장면도 보았다. 단 4일 만에 응답을 받아야 그곳에 돈을 보내어 굶어 죽어 가는 사람들을 도울 수 있었다. "하나님, 1,000만 원이요!" 이렇게 말씀드리자 아들 하나를 구한 한나에게 아들 셋과 딸 둘을 주신 풍성하신 하나님은 1,650만 원을 보내 주셨다. 전혀 알지 못하던 권사님과 따님을 통해서였다. 하나님께 드릴 헌금이 전달될 곳을 찾고 있던 이분들은 분당의 한 서점에서 책꽂이에 꽂혀 있던 내 책을 보고 아침 일찍 서둘러 우리 기도회에 오셨다. 기도회에 앉아 계시다 주셨던 이날의 헌금은 도움이 긴급했던 그 지역에 고아원을 설립하는 동기가 되었다. 금년에만 그 지역에 3,000만 원이 훨씬 넘게 나눌 수 있게 하신 하나님을 찬양한다.

윤 집사님은 어린 두 자녀를 키우며 직장에서 일하는 아주 바쁜 분이다. 이분은 다른 직장에서 막 이직한 상태였는데 어느 날 직장에서 옆의 동료가 내 책《나는 날마다 기적을 경험한다》를 읽고 있는 것을 보고 빌려 읽게 되면서 전 직장에서 탄 퇴직금으로 새의 행진에 참여하였다. 윤 집사님은 그 후에도 우리가 꼭 필요한 때에 새의 행진을 여러 번 함께했다.

전혀 얼굴도 본 적이 없이 새의 행진에 참여한 분들도 많다. 특이한 것은 선교회의 계좌번호가 책이나 홈페이지에 나와 있지 않은데도 하나님께서는 틀림없이 필요한 시간에 필요한 만큼을 보내 주신다는 사실이다. 한국에서 일을 하다가 직업을 가지고 외국으로 떠난 한 분도 책을 사 읽고는 한국에서 탄 퇴직금으로 새의 행진에 참여해 주셨다.

러시아에서 온 우리와 같은 동포인 고려인 한 분은 사렙다 과부의 렙돈 두 동전과 같은 헌금으로 꼭 새의 행진에 참여해 주신다. 너무나 귀한 손길이다. 다른 한 분은 청소부로 일하면서 2년 동안 적금 들어 모은 귀한 돈으로 새의 행진에 참여해 주셨다.

우리 선교회로 오는 헌금의 특징은 세상적으로 볼 때 부자가 한 헌금이 아니라는 점이다. 정말 근검절약하며 최선을 다한 손길들의 헌금이다. 사도 바울이 빌립보 교인들에게 보낸 것과 동일한 감사와 사랑을 우리 선교회에 동참해 주신 모든 분들께 돌려 드린다.

영화나 드라마에서 얻는 잠깐의 즐거움이나 감동과는 비교가 되지 않는 감동을 늘 체험하면서 우리는 전진한다. 하나님께서 행하시는 영화 같은 일들을 보며 살고, 세상이 줄 수 없는 기쁨의 드라마 같은 인생을 날마다 살기에 텔레비전을 보지 않는다. 세상 것을 보면 너무 시시하니까 전혀 재미를 느끼지 못한다.

"여호와 나의 하나님이여 주께서 행하신 기적이 많고 우리를 향하신 주의 생각도 많아 누구도 주와 견줄 수가 없나이다 내가 널리 알려 말하고자 하나 너무 많아 그 수를 셀 수도 없나이다"(시 40:5).

우리가 만난 하나님을 이야기하면 똑같이 하나님 일을 하면서 자신도 그렇게 할 수 있는데 다른 사람이 따라 주지 않는다고 다른 사람에게 원인을 넘기는 사람들이 있다. 마치 하와가 뱀에게 잘못을 넘기고 아담이 하와에게 잘못을 넘기듯이 말이다. 한 사람이라도 주님 안에서 주님의 지시대로 따라간다면 어느 곳에서도 동일하게 빚을 지지 않도록 채우시는 것이 하나님의 약속이다. 우리는 하나님께서 주시는 것 외에는 절대로 받지 않는다. 다른 교회에 특강을 하러 가서 사례비를 받는 경우도 없을뿐더러 사람들의 감정에 호소하지도 않는다. 그런 정도로는 우리 사역의 필요를 도저히 채울 수 없고, 딱 한 분 아버지께서 풍성하게 채우심을 믿는다면 그것으로 언제나 풍성하기 때문이다.

2000년 11월 4일에 시작한 홀리네이션스 선교회는 이제 16년째 진행되고 있다. 어제나 오늘이 동일하신 우리 아버지께서는 지금까지도 끊임없는 새들의 행진을 통해 정기적으로 지원하는 해외 8개국을 비롯해 모두 11개국을 도울 수 있게 하시고, 외국인 신학생들에게 전액 장학금을 지원할 수 있게 하셨다. 하나님께서는 단 한 번도 우리를 실망시킨 적이 없으셨다.

우리는 어제도 오늘도 여전히 주님만을 신뢰한다. 그분 말씀에 순종하여 예산을 세우지 않으며 매일 까마귀를 통해서 먹이시는 하나님을 믿음으로 바라본다.

언제나 동일하신 하나님을 바라보며

"너희가 거저 받았으니 거저 주라"(마 10:8).

누가복음 6장 38절 말씀과 함께 이 말씀도 하나님이 우리에게 가르쳐 주시는 귀한 기도의 원리이다. 이 가르침에 어제도 오늘도 동일하게 순종해야 한다. 우리는 모든 것을 하나님께 거저 받았으니 거저 주어야 한다.

1995년 남편의 직장 이동으로 우리 가족이 홍콩에서 말레이시아로 옮긴 후 한국에서는 곧 IMF가 터졌고 말레이시아에서는 링깃 화폐의 가치가 45% 정도로 하락되었다. 우리 아이들은 홍콩 국제 학교를 다녔기에 미국으로 대학을 가게 됐는데 아들이 대학에 가자마자 이런 사태가 벌어졌다. 한국의 수많은 기업들도 타격을 받았고, 한국에서 유학을 간 많은 자녀들이 다시 한국으로 돌아오는 사태가 벌어졌다.

남편이 월급을 링깃으로 받았기에 현실적으로 월급을 달러로 환산하면 반 이상이 떨어지게 됐다. 당시 나는 말레이시아에서 그곳의 인도네시아 노동자들을 돕고, 말레이시아 언어를 배워 성경 공부 교제 세 권을 그 나라 말로 번역 출판하는 선교를 하고 있었다. 그때 나는 한국에서 신학대학원 학생의 3년 학비와 생활비를 합해 약 1,250만 원을 저축했다가 한국에 방문할 계획이었다.

그때 잠시 이런 생각이 스쳐 갔다. '내 아들도 대학을 다녀야 하는데 이런 상황에서도 신학생을 도울 것인가? 수입이 거의 반으로 줄

어든 상태인데….' 그러나 그때까지 이미 수많은 경험과 훈련을 겪었기에 오늘도 하나님의 원칙을 순종하기로 결정했다. '나는 하나님께 거저 받았으니 거저 드릴 것이다. 지금까지 살아온 것은 오직 하나님의 은혜이며 자녀들도 동일하게 하나님이 인도하실 것이다.' 라고 생각을 바꿨다.

그리고 한국에 가서 계산하지 말고 주라는 말씀대로 행했다. 주님은 우리가 헤아리지 않을 때 누르고 넘치도록 다시 안겨 주신다. 그 약속을 그대로 믿고 눈앞에 닥친 현실에 눈을 흐리지 않고 믿음의 눈을 뜨기로 결심했다.

그러고는 말레이시아로 돌아갔는데 신실하신 하나님께서는 과연 약속을 지키셨다. 남편의 직장에서 우리가 말레이시아 링깃으로 월급을 받아 약속된 금액에서 거의 반 이상이 떨어진 것이 이야기되어, 내가 신학생에게 주고 온 돈보다 더 많이 받게 된 것이다.

하나님께 맡겨 드린 두 아이 또한 공부를 잘 마친 후 선교의 동역자가 되었다. 이것이 진심으로 감사해 우리는 외국인 신학생 30명을 공부시키면서 사랑의 빚을 갚아 드리려 하고 있다. 하지만 이 일은 사실 우리가 하는 것이 아니다. 우리는 하나님이 하시는 일을 볼 뿐이다.

"너희 안에서 행하시는 이는 하나님이시니 자기의 기쁘신 뜻을 위하여 너희에게 소원을 두고 행하게 하시나니"(빌 2:13).

신학생들에게 장학금을 주기로 마음먹자 학생들이 금방 불어났다. 신학생을 위해 정기적인 후원을 아끼지 않았던 남편은 57세에 은퇴했지만 59세에 다시 금융계에서 일할 수 있게 됐다. 그곳에서 실적에 따라 나오는 특별 보너스로 학생들에게 일 년에 두 번씩 보내는 학비를 65세가 될 때까지 감당할 수 있었다. 70세가 된 지금도 하나님께서는 열방을 섬길 수 있는 길을 계속 열어 주신다. 우리는 청지기의 가정으로 쓰임 받는 것을 영광스럽게 생각하며 우리 자신을 위해서는 할 수 있는 한 검소하게 살려고 한다.

 말씀으로 배우는 기도 응답의 원리

넘치는 응답을 받을 수 있는 조건

1. 누르고 넘치도록 받고 싶다면 먼저 주라는 말씀을 따른다.
   "주라 그리하면 너희에게 줄 것이니 곧 후히 되어 누르고 흔들어 넘
   치도록 하여 너희에게 안겨 주리라 너희가 헤아리는 그 헤아림으로
   너희도 헤아림을 도로 받을 것이니라"(눅 6:38)

2. 우리가 받은 모든 것은 거저 받은 것이니 거저 준다.
   "너희가 거저 받았으니 거저 주어라"(마 10:8).

3. 하나님의 일은 우리가 행하는 것이 아니고 하나님이 행하신다는 것을
   알고 순종한다.
   "너희 안에서 행하시는 이는 하나님이시니 자기의 기쁘신 뜻을 위하
   여 너희에게 소원을 두고 행하게 하시나니"(빌 2:13).

4. 성경에 응답을 많이 받는 인물들처럼 믿음을 보여주는 삶을 산다(느헤
   미야 5장에 나타난 느헤미야의 삶을 보라).

9장

고난 중에도
기도로
전진합니다

—

지금은 너희가 근심하나 내가 다시
너희를 보리니 너희 마음이 기쁠 것이요
너희 기쁨을 빼앗을 자가 없으리라 …
너희가 무엇이든지 아버지께 구하는 것을
내 이름으로 주시리라

(요 16:22–23)

주님은 우리 인생의 모든 발걸음마다 함께 가자고 말씀하신다. 우리 스스로는 다 알 수 없는 일들이 너무나 많이 펼쳐져 우리의 열심만으로는 부족하기 때문이다. 이렇게 함께하시는 주님이 계시기에 우리는 고난 중에도 멈추지 않고 전진할 수 있다.

　선교회를 통해 다양한 사연을 가진 외국인 노동자들을 만난다. 하지만 단 한 번도 그들의 사연을 들어보고 도울지 말지를 결정한 적은 없다. 고난이 닥쳐오는 것 같아도 기도에 응답하시는 하나님을 믿기에 무조건 받는 것이다.

모든 것 아시는 주님

카메룬에서 온 캐롤라인을 처음 만난 날은 파키스탄에서 온 잭이 아파서 일산 복음 병원에 가 있을 때였다. 병원 복도에는 카메룬에서 온 많은 형제자매들이 있었다. 그때 한 형제가 내게 다가와 캐롤라인이 퇴원하는 과정에 영어를 할 수 있는 통역자가 필요하니 도와 달라고 했다. 원무과에서 통역을 해 주고 나서려는데 캐롤라인과 그 친구들이 딱히 갈 곳이 없다는 것을 알게 됐다. 그래서 그들을 우리 외국인 쉼터로 데리고 왔다.

캐롤라인은 어릴 때 엄마가 돌아가신 후 나이를 잊어버려서 자신이 몇 살인지 기억하지 못했다. 게다가 한국에 와 공장에서 일하면서 임금도 제대로 못 받고 정신적으로 상처를 받아서인지 밤이 되면 정신이 오락가락했다. 남자 친구인 니컬러스와 한국에서 돈을 벌어 본국으로 돌아가자고 했는데 임금도 못 받고 병까지 걸리자 그들은 절망하고 말았다.

우리는 그들과 같이 쉼터에서 찬양하고 기도하면서 격려했다. 밤에는 친구들이 여러 명 와서 캐롤라인을 위로하고 지켰다. 그러던 어느 날 캐롤라인은 갑자기 새벽에 옆에 있던 크리스가 자기를 죽이려 한다면서 쉼터를 뛰쳐나갔다. 죽인다는 것은 사실이 아니고 캐롤라인의 정신 상태가 좋지 않아서 생긴 일이었다. 캐롤라인은 택시를 잡아타서 경찰서로 향했고 크리스도 캐롤라인을 붙잡으려고 쫓아 들어갔다. 캐롤라인의 증언으로 그곳에서 크리스가 꼼짝없이 곤경에 처했다. 전화벨이 우리 집을 요란하게 울렸다. 나는 새벽부터 경찰서로 운전해 달려가 경찰관에게 증언해 크리스가 풀려나게 했다. 하지만 먼저 나가 버린 캐롤라인의 행방을 알 수가 없었다. 그는 멀리 동두천에서 와서 우리 교회의 주변 지리를 몰라 걱정됐다. 더군다나 정신마저 오락가락하니 니컬러스는 걱정되어 계속 내게 전화를 걸어 왔다.

참으로 답답한 마음으로 주님께 기도했다. 모든 것을 아시는 주님을 믿었다. 그러곤 운전을 하면서 교회로 향하는데 길 건너편에서 맨발로 두리번거리고 있는 캐롤라인을 보게 하셨다. 나는 멈춰서서 캐롤라인을 차에 태웠다. 그를 무사히 쉼터로 데리고 왔을 때 많은 카메룬 형제들이 안도의 한숨을 쉬었다. 그리고 모든 것 아시는 살아 계신 하나님을 찬양했다.

고난 중에 하나님 영광이 드러난다

한국에 온 지 한 달 만에 교통사고를 당한 갈리나를 처음 병원에서 보자마자 눈물이 쏟아졌다. 머리 전체를 꿰매고 얼굴 광대뼈가 부러진 데다 얼굴 전면은 피부 이식 수술을 해 얼굴이 커다란 쟁반 같고 시퍼런 멍이 들고 퉁퉁 부은 두 눈 중 한쪽만 간신히 뜨고 있었다.

갈리나는 만 60세가 되었으니 한국 나이로 치면 환갑이 다 됐는데 35세 아들이 카자흐스탄에서 교통사고를 당해 빚을 지게 되자 돈을 갚기 위해 한국으로 일을 하러 왔다. 그 힘든 공장일을 60세에 어떻게 할 수 있겠느냐고 물으니 자신의 다친 몸은 생각하지 않고 빨리 공장에 가서 일을 해 가족을 돕고 싶다며 눈물을 흘리는 것이었다. 한국에 온 지 얼마 되지 않았으니 한국어도 못하고 영어도 못하고, 게다가 병원에서 입에 맞지도 않은 한국 음식을 받으며 두려움과 걱정에 차서 누워 있는 모습이 보는 이를 안타깝게 했다.

갈리나의 얼굴은 계속 얼음찜질을 해 주지 않으면 이식한 피부가 일어났기 때문에 찜질을 지속적으로 해야 했고, 통증이 심하고 눈도 보이지 않아 누군가가 간병을 해 줘야 했다. 우리가 24시간 간병해 줄 나타샤를 소개해 주자 갈리나는 정말 기뻐했다. 우선 언어가 통해서 숨통이 트였다. 외국에서 병원에 혼자 누워 있는 외로움과 공포는 병을 더 깊게 만들 터인데 이때 전해지는 사랑과 소망은 사람을 살리는 특효약이 된다.

둘이 같이 지내면서 갈리나의 상태는 빠르게 호전되었다. 보름달같이 커다란 얼굴에서 붓기가 빠지며 정상적인 얼굴로 바뀌어 가고 푸른 멍도 가라앉기 시작했다. 끔찍한 모습을 했던 갈리나가 점점 살아났다.

이렇게 수많은 병자들이 다시 건강해져서 주님을 찬미하고 소망을 갖는 것을 볼 때마다 사랑과 소망이 담긴 조제약이 모두에게 필요한 특효약임을 깨닫는다. 진심으로 이런 일에 쓰임 받는 것이 영광이다. 그랬기에 주님의 발자취를 조금이나마 따라갈 수 있었다.

한 집사님이 유방암에 걸려 수술을 하게 됐다. 이분도 경제적으로 보나 무엇으로 보나 참 어려운 중에도 늘 하나님께 감사드리며 천국을 바라보고 사는 분이었다. 이분은 수술을 앞두고도 "왜 내게 이런 일이 생겼나요?" 하는 불평 한마디 없이 평안한 마음으로 수술을 받기 위해 우리 선교회로 헌금을 보내왔다. 그 마음이 크게 감동되었다. 하나님께서는 그 마음을 살피셔서 집사님이 빨리 회복되어 병원에서 일찍 퇴원할 수 있게 해 주셨다. 집사님은 자신의 질병에 신세타령만 하지 않고 고난 가운데서도 남을 도우며 오히려 하나님의 영광을 드러냈다.

하나님을 전하기 가장 적절한 시간

무슬림 나라에서 온 샤리프 형제는 오토바이 사고를 당하고 도움을 받을 수 있는 곳을 찾다가 송우리에서 우리 소문을 듣고는 쉼터로 찾아왔다. 치료 후 병원에서 퇴원을 해도 바로 일하러 갈 수 없기에 쉼터에서 머물다 가는 경우가 보통이다.

쉼터에 머무는 동안 이 형제는 안경을 끼고 다른 어떤 형제보다 열심히 성경을 봤다. 그 모습이 참으로 사랑스러웠다. 자국어와 영어로 된 성경을 읽으면서 사전이 필요하다고 해 그 나라에 계신 선교사님을 통해 사전을 가져다 주니 목마른 사람이 물을 찾듯 밤낮으로 성경을 읽는 모습을 볼 수 있었다. 그런 그에게 주일 외에도 특별히 일대일로 성경 말씀을 가르쳐 주었다.

시간이 지나 건강이 회복되자 샤리프는 먼 곳에 가기를 원하지 않고 교회 근처에 있기를 원해 좋은 곳의 직업도 알선해 주었다. 그 직장은 다른 외국인들이 매우 부러워하는 공장이었다. 높은 급료에다가 하루 세 번의 식사 제공을 받는 곳이라 다투어서 그곳을 소개해 달라고 한다. 샤리프는 자기가 읽고 배운 예수님, 그리고 몸소 체험해 만난 예수님께서 도와주셨다고 감사해했다.

그러던 어느 날 외국인들이 많이 걸리는 요로 결석에 그도 걸리고 말았다. 요로 결석 환자들은 그 고통을 잠시도 참을 수 없어 응급실에 실려 가곤 한다. 그도 아픔을 참지 못해 쓰러져 병원에서 치료받게 되었는데 "크리스천은 입으로 사랑하지 않고 마음으로 사랑합니다"라며 자신을 위해 무슬림의 기도가 아닌 그리스도인의 기도를 부탁했다. 무슬림에게 복음을 전하는 것은 주님의 사랑에 젖어 들었을 때만 가능하다.

또 다른 무슬림 국가에서 온 알리 형제(무슬림 국가에는 알리라는 이름이 많다)는 처음부터 교회에 거의 빠지지 않고 출석했다. 처음 교회로 오면 기도하는 방법을 아는 외국인은 많지 않다. 한데 알리를 보노라면 꼭 두 손을 모으고 기도로 시작하는 것이었다. 일대일로 성경 공부를 할 때도 순수하게 말씀을 잘 받아들였다.

각 나라별로 성경 암송을 하던 날, 무슬림 국가 출신으로 유일하게 앞에 나가 암송을 하는 이 형제를 보고 우리는 모두 감탄했다. 그러던 어느 날 알리가 다리뼈가 부러지는 사고를 당했다. 수술해야 한다는 진단에 너무나 무서워하며 우는 모습이 마치 어린아이 같았다. 병실에서 성경을 더 읽고 우리의 보살핌을 더 받으면서 알리는 친구들이 없을 때 고백했다.

"나는 예수님이 좋아요. 예수님 믿어요. 우리 친구들이나 친척들은 내가 변하면 안 된다고 수없이 강조하지만 나는 마음속으로 예수님을 믿고 있어요."

그러기에 우리는 환자가 생길 때 축복이라고 한다. 그의 병원비를 어떻게 감당하느냐는 생각에 앞서 일대일로 더 많이 교제하며 예수님 이야기를 전할 수 있음을 감사하면서 기쁨으로 환자를 받아들인다. 그 후 알리에게 또다시 손가락이 잘리는 사고가 났는데 입원 중에 더 깊이 성경책을 읽고 주님을 만나는 기회를 가졌다.

사랑으로 승부를 건다

카자흐스탄에서 온 무슬림 형제인 베리크는 녹내장 수술이 잘 끝나 목포로 돌아가겠다고 말했다. 통증이 심해 한 달 반 정도를 우리와 함께 보냈고 이제 작업장이 있는 목포로 간다고 한 것이다. 목포에서 일하던 그는 갑자기 녹내장에 걸려 우리 소문을 듣고 먼 곳에서 선교회로 찾아왔다. 그가 우리 교회에 나오지 못한다고 해도 우리가 사랑의 섬김을 통해 주님이 어떤 분이신지 무슬림 형제에게 보여 줄 수 있었으니 얼마나 감사한지!

이런 식으로 참 많은 무슬림 형제들이 아버지의 집을 찾아왔다. 다리가 작업장에서 부러졌던 아하메트, 다리 수술을 두 번 받고 위에 구멍이 나서 또 한 번 수술받은 라나, 오토바이 사고를 당한 샤리프, 계단에서 다리를 다치고 손가락 끝이 절단된 알리, 담석증을 앓은 문과 샨, 디스크 환자 알리, 건선환자 알리, 온몸에서 고름이 나오는 희귀병을 앓은 알렉산더, 암 환자 모잠 그리고 온몸에 3도 화상을 입은 마므드 등 지금까지 수백 명에 이른다.

일자리와 잘 곳과 먹을 것이 없어서 줄을 이어 찾아온 무슬림 형제들. 주님은 이들 모두를 가슴에 안으시기를 원하셨다. 그들은 우리의 적이 아니다. 사랑으로 섬기고 사랑으로 얼어붙은 가슴을 녹여서 그 크신 하나님의 사랑을 전할 대상이다. 그들을 치료하기 위해 병원에 데리고 다니며 같이 지내는 시간이 많을수록 서로 더 사랑하고 감싸 주게 되어 그리스도 안에서 한 지체가 되어 갔다. 처음에는 그리스도인이 있는 곳이 그들에게 어색한 장소였는데 점차 그들 자신의 집이 되었다.

그렇다고 해서 그들의 회심이 결코 쉬운 일은 아니다. 그러나 극진한 사랑으로 섬김을 받고 귀국하였을 때 그곳에서 생명을 내걸고 복음을 전하는 교회에 불을 지른다든지 선교사를 죽이는 일을 하지는 않을 것이다.

녹내장 수술 후 완전 치유가 된 베리크가 안겨 준 하얀 장미꽃 다발을 보면서 여러 생각을 해 보았다. 다른 모든 것은 마귀도 흉내 낼 수 있으나 단 한 가지 할 수 없는 것은 바로 '조건 없는 사랑'이다. 주님께서 보여 주셨던 승리의 방법! 사랑만이 타 종교의 사람들을 주께 돌아올 수 있게 해 준다.

중국 길림성에서 온 이분옥 자매도 조건 없이 베푸는 사랑을 통해 하나님을 알게 되었다. 이 자매는 한국에 정착한 며칠 뒤부터 고양 공단의 한 공장에서 일하게 됐다. 그런데 일하기 시작한 지 2주일 정도 지난 후부터 머리가 아프고 속이 울렁거리기 시작했다. 같은 숙소에 있는 조선족 동료와 함께 산부인과에 가서 진찰을 받으니 뜻밖에 자궁 종양이라는 진단을 받게 됐다. 이미 혹이 많이 자라서 빨리 수술을 하지 않으면 안 되는 상태였다.

이 자매는 순간 하늘이 무너진 것같이 매일 걱정이 쌓여 밥맛도 떨어지고 잠도 잘 오지 않았다. 한국에 온 지 며칠 되지도 않았는데 그런 진단을 받았으니 얼마나 마음이 참담했을까. 어떻게 할 바를 몰라 망설이던 중 동료의 소개로 우리 선교회를 알게 되어 찾아왔다. 무척 염치 없어하는 그를 우리는 아무 걱정하지 말라며 안심시켰다.

이 자매는 그때 그 말을 듣고 순간 마음이 놓이고 마치 부모님의 사랑을 받으며 자기 집에 있는 것 같았다고 한다. 그는 무사히 수술을 받고 깨끗하게 회복되었다. 그는 우리 선교회의 작은 섬김으로 하나님의 사랑을 알게 되었고, 퇴원해서도 계속해서 교회에 나가게 됐다. 자신처럼 어려움에 빠진 사람을 도우며 살겠다고 다짐하면서 말이다. 우리에게 찾아오는 외국인들의 사연을 고난이라고만 여기고 부담으로 받아들였다면 그들에게 하나님을 전할 기회는 없었을 것이다. 헤쳐 나갈 수 없을 것 같은 고난에 사랑으로 승부를 걸고 전진했을 때 하나님께서 역사하셨다.

10장

질병 앞에선
합심하여
기도합니다

—

그들이 묻되 우리가 어떻게 하여야 하나님의
일을 하오리이까 예수께서 대답하여
이르시되 하나님께서 보내신 이를 믿는 것이
하나님의 일이니라 하시니

(요 6:28–29)

여러 상황을 보며 느꼈겠지만 우리 선교회에는 질병이나 사고로 치료를 받아야 하는 환자들이 많다. 이렇게 환자들이 시도 때도 없이 생기는 것을 우리는 복음을 전하고 하나님의 나라를 확장시킬 기회라고 여긴다.

홀리네이션스 선교회가 위치한 '소망구 행복동'에서는 감동을 주는 이야기들이 넘쳐 난다. 많은 외국인들이 급한 상황이 생겼을 때 우리 전화번호를 주고 병원에 입원하는 경우도 있었다. 한번은 급히 수술을 받아야 하는 우즈베키스탄 형제가 입원을 했는데 병원에서 이 환자를 받으면 우리가 치료비를 낼 것인지를 물었다. 일산 복음 병원에 자주 갔기에 나를 아는 그곳 간호사님이 전화를 했는데 그렇게 할 것이라고 대답을 하니 응급 상황에서 바로 그 환자의 수술을 해 주었다.

환자들을 입퇴원시키는 과정에서 하나님께서 시간 맞춰 응답해 주지 않으시면 우리는 낭패를 당하게 되기 마련이다. 병원에 더 입원할 경우 병원비가 더 나올 텐데 입퇴원이 우리 마음대로 되는 일도 아니었다. 그럴 때마다 우리는 우리의 필요를 구하기 전에 미리 아버지께서 어떻게 하실 것인지를 합심하여 기도했다. 숱한 환자들을 섬기며 기도에 매달릴 때 우리의 필요를 너무나 정확하게 아셔서 채워 주시고 도움의 손길을 인도해 주시는 하나님이 계셨다. 그 경험을 나누고자 한다.

하나님이 보내신 환자

여의도성모 병원에 도착해 까뜨리나가 입원해 있는 8층으로 올라가니 뇌 수술을 한 후 갈색 모자를 쓰고 있는 사람들이 많았다. 27세의 까뜨리나에게는 30세의 남편 루스란과 7살 난 아들이 있었다. 이 부부는 우리가 병실에 들어서자마자 기쁨이 넘치는 얼굴로 맞이했다. 우리가 병원비를 내 주겠다고 한 이야기를 다른 외국인에게서 이미 들었기 때문이었다.

중병이 걸린 사람들의 사정을 들춰 보면 그 중병 외에도 너무나도 슬픈 사연들이 많이 있음을 보게 된다. 까뜨리나는 아들을 여동생에게 맡겨 놓고 이 낯선 한국 땅에 돈을 벌러 왔다가 뇌출혈을 일으켜 쓰러졌다. 까뜨리나는 부모님이 일찍 돌아가셔서 동생과 둘이서만 살고 있었는데 그 여동생은 말을 전혀 못하는 언어 장애인이었다.

까뜨리나가 아직 한국어가 서툰 탓에 다 알 수는 없었지만 부모님 없이 말도 안 통하는 동생과 자랐고, 그 여동생이 지금 자신의 어린 아들을 맡고 있다니 보지 않아도 슬픈 그림이 그려지는 인생이었다. 지금 27세인데 아들이 7살이면 스물에 아이를 낳았다는 말이니 얼마나 고생했을까?

이 애틋한 두 젊은이가 좀 더 잘살아 보려고 한국에 왔는데 청천벽력같이 입원을 하게 됐으니 그 놀란 가슴이 이해할 만했다. 병원비는 그날까지 460만 원 정도가 나왔다. 그들은 아들을 돌봐 주는 동생에게 번 돈 전부를 양육비로 보내 주어 가지고 있는 돈이 없었다. 혹시 부부가 들어 놓은 국민연금 220만 원 정도를 먼저 받아볼 수 있는지 동역하는 윤 권사님께 알아봐 달라고 부탁했다. 하지만 공단에서는 두 부부가 출국할 때 줄 수 있지 도중에는 줄 수 없다고 답변해 왔다.

설사 국민연금을 받아도 그때까지 460만 원 병원비가 나왔으니 앞으로 더 나올 것인데 감당할 길이 없어 마음을 졸였을 것이다. 처음 우리 선교회를 찾아왔을 때 루스란은 "아내가 혈관이 깨졌어요"라며 기도해 달라고 했다. "혈관이 터졌어요"라는 말을 그렇게 한 것이다(이것은 다른 이야기이지만 '간질병'하면 '간지럼 타는 것'이라고 알아듣는 등 외국인과 나눈 대화 중에는 많은 에피소드가 있고 상황을 보고 말을 이해해야 하는 해프닝이 많다). 까뜨리나가 수술을 받고 중환자실에서 일반 병실로 옮기는 사이에는 윤 권사님이 방문해 기도해 주셨다. 이렇게 모두가 한마음으로 기도를 하고 나니 식사를 통 못하던 까뜨리나가 그날 이후 식사를 잘할 수 있게 되었다.

병원비 중간 계산을 하기 위해 병원으로 갔다. 윤 권사님과 함께 차에 올라타면서 이런 대화를 나누었다.

"우리 둘이 사람을 살리고 사랑을 나누러 가는 것이 가장 기쁜 시간들이에요."

윤 권사님도 그렇다고 맞장구를 쳤다.

'주는 사랑이 받는 사랑보다 기쁨이 더 크다'라는 진리를 우리는 배운다. 주님께서는 우리가 서로 사랑하면 우리가 주님의 제자인 줄 사람들이 안다고 가르쳐 주셨다.

"너희가 서로 사랑하면 이로써 모든 사람이 너희가 내 제자인 줄 알리라"(요 13:35).

하나님께서 직접 우리의 필요를 채우신다는 약속의 말씀대로 까뜨리나의 병원비를 채워 주셨다. 그때의 일을 지금도 생생하게 기억하고 있다.

까뜨리나를 퇴원시키려 할 당시에 나는 딸의 가족이 홍콩에 살고 있어서 홍콩에 한번 가기로 이미 비행기 표를 구입한 상태였다. 까뜨리나의 병원비를 해결하지 않고는 편안한 마음으로 딸을 보러 갈 수 없는 상황에서 한 분이 전화를 했다. 미얀마에서 선교할 예정으로 돈을 모았는데 갈 수 없게 되어 우리 선교회로 대신 보냈다고 하는 것이었다. 까뜨리나의 병원비가 필요한 바로 그때에 합심하여 기도하니 하나님께서는 그분의 발걸음이 홀리네이션스로 향하게 하셨다. 우리의 필요를 너무나 정확하게 아시는 하나님께 영광과 감사를 돌리지 않을 수 없었다.

합심하여 기도한 자리에 하나님이 앞장서 계신다

10여 년 전, 하루는 우즈베키스탄에서 온 이걸이 형제한테 도와 달라는 긴급 전화를 받았다. 이걸이 형제는 고려인으로 아들 동희가 10살 정도 되었을 때 아침에 자전거를 타고 등교하다가 교통사고가 나서 급히 동국대 병원 응급실에 아이를 싣고 간 것이다. 우리는 의료 보험이 없는 외국인이 일반 병원에 가면 병원비가 너무 비싸기 때문에 보통 우리와 협력하는 병원으로 데려가 치료를 받게 하는데 동국대 병원은 그런 혜택이 전혀 없는 곳이었다. 이걸이 형제는 우리 교회에 한 번도 나오지 않는 상태였기 때문에 이런 사정을 알 리 없었다. 그는 급한 대로 선교회에서 가까운 동국대 병원으로 갔다. 나는 그때 외국인 공장에 찾아가 보려다가 전화를 받고 급히 병원으로 방향을 돌렸다.

　세상 끝 날까지 함께하시는 주님은 순종하는 하나님의 자녀보다 항상 앞서 행하셔서 우리의 선교 30년간은 늘 기쁨으로 가득 차 있다. 이때에도 병원에 진입하기 전 마지막 신호 대기를 하면서 한 교회에서 부활절 헌금 전부를 우리 선교회로 송금해 왔다는 전화를 받았다. 병원에 도착하기 전에 병원비가 마련된 것이다.

그날 차 안에서 내 옆에 타고 있던 한 집사님은 환자의 아버지가 계속 전화해 오는 동안 과연 이 일이 어떻게 해결될지 마음 졸이다가 병원 도착하기 5분 전에 병원비가 마련된 것을 보고 너무나 깜짝 놀랐다. 우리는 늘 하나님이 이렇게 일하시는 것을 보니까 신실하신 아버지의 손길을 믿고 걱정없이 무조건 진행하는데, 처음 이런 일을 보는 분들은 "어떻게! 이렇게 시간까지 맞추어서 일하실 수 있을까?" 하고 놀라워한다.

세월이 지나 이걸이 형제의 아들 동희가 20대가 되었고 이 형제는 우즈베키스탄으로 돌아갔다. 그는 대장암에 걸려서 세 번이나 수술을 받았지만 경과가 좋지 않았다. 통증을 견딜 수가 없어 매일 집에서 모르핀 주사를 맞고 복부 한쪽에서는 고름이 계속 흐르는 상태에서 그는 우리 선교회로 다시 찾아왔다.

아버지 집을 찾아온 그 영혼을 우리는 보듬고 치료해 주어야 했다. 하지만 그를 어느 병원으로 데리고 갈지, 수술이 그렇게 잘못된 상태에서 한국의 의사가 선뜻 재수술을 해 줄지가 과제였다. 그런데 이 과제들은 과연 우리의 과제가 아니었다. 이번에도 주님께서 앞장서 일해 주셨다.

우리 아파트 근처의 가정의학과 김경석 선생님이 이 형제를 너무나 친절하게 진료해 주신 후 국립암센터에 초진을 예약하는 등 필요한 모든 준비를 해 주셨다. 러시아어로 된 서류를 번역하는 법과 필요한 영상 자료도 설명해 주셔서 우리는 힘들지 않게 암 센터에

갈 수 있었다.

수술 일정을 잡는 어간에도 하나님께서 여러 가지 작업을 해 주셨다. 모르핀 주사를 매일 맞아야 견뎠던 그가 우리와 만난 후 통증이 사라지고 고름 주머니를 7개월 동안 차고 다녔는데 고름이 더 이상 나오지 않게 된 것이다. 이 형제는 다른 곳에서는 기도하는 것을 구경해 본 적이 없는데 우리가 합심해 기도하면 속이 뜨거워져서 잠시 걸음을 움직이지 못하곤 했다. 이미 하나님께서 많은 치유를 해 놓으신 상태였다.

그를 입원시킬 준비를 하는데 오전에 전화 받기를 1인실밖에 없다고 해서 가슴이 철렁했다. 하지만 이번에도 하나님께서 또 다른 손길로 도우셨다. 어느 선생님을 통해서 곧 다인실이 준비되었는데, 이 형제의 자리는 창가라서 봄의 아름다운 녹색이 한창 펼쳐져 절로 위로를 주는 장소였다. 도와주신 선생님께 진심으로 감사를 드린다. 병실에 도착한 이 형제의 입이 함박만 해졌다. 그러고선 비록 충분히 한국어가 통하지 않아도 하나님께 감사 기도를 드리겠다고 했다.

하나님께서는 거기서 멈추지 않고 이런 상황을 전혀 모르시는 분의 손길로 수술비도 마련해 주셨다. 수술비를 보내 주신 분은 한 치과 원장님이셨는데 그냥 선교회에 헌금하고 싶은 마음을 주셨다고 했다. 그때가 이 형제가 수술을 받게 되는 시간이었고 우리는 병원비 걱정하지 않고 그가 수술을 잘 받을 수 있게 했다. 이런저런 걱정하지 않도록 모든 발걸음을 인도하시는 하나님의 손길이 너무나 감동스러웠다.

이걸이 형제는 건강을 회복하여 우즈베키스탄으로 돌아갔다. "하나님 감사합니다. 이 모든 과정을 인도하셔서요! 할렐루야, 주를 찬양합니다!"

희생 아닌 선물

약 일 년 전에 중국에서 와 공장에서 일을 하는 50대의 노옥개 자매는 주일에는 교회에 나온다. 그러던 중 갑자기 말이 제대로 나오지 않고 팔도 마비가 되어 고통을 호소했다. 이 자매도 의료 보험이 없었다. 우리의 롤 모델인 주님이시라면 이런 경우에 어떻게 하실까? 주님은 그런 사람들을 외면하지 않으시고 치료하셨고 "너희도 이와 같이 행하라"라고 말씀하셨다.

노옥개 자매를 우선 병원으로 데리고 가서 뇌 사진을 찍고 원인을 살펴보았다. 검사 비용만도 만만치 않는 액수였다. 검사 결과 뇌에서 종양이 보인다며 큰 병원에 가서 치료해야지 중형 병원에서는 치료가 되지 않는다고 이야기해 주었다.

우리는 의료 보험이 없는 이 자매를 어느 병원으로 데려가야 할지 먼저 결정하기 위해 기도하기 시작했다. 시간을 다투는 치료는 회의를 이유로 지연시키면 자칫 치료 시기를 놓칠 수가 있다.

주님의 인도하심으로 이 자매를 한 대형 병원으로 데려가게 됐다. 바로 입원을 시키면 정말 좋을 텐데 대형 병원은 그날 외래 진료를 하고 바로 병실이 나는 경우가 그리 흔하지 않다. 이 자매는 한국어도 전혀 통하지 않았다. 참으로 감사하게도 중국어를 하는 문승범 전도사님이 동행해 밤늦게까지 통역을 해 주셨다.

다른 병원의 검사 결과와 소견서를 본 담당 선생님은 바로 입원했으면 좋겠다고 병실을 알아보도록 지시했다. 담당자가 현재 빈 병실이 없어서 다른 날 연락해 준다고 해 병원 문을 나서는데 마침 5시에 퇴원하는 환자가 생겼다고 시간 맞춰 다시 오라는 것이 아닌가. 할렐루야! 입원 준비를 미처 하지 않았기에 병실에서 사용할 세면도구나 갈아입을 내의, 슬리퍼 등을 준비하러 왔다 갔다 하다 보니 곧 5시가 되었다.

자매를 병실에 데려다 놓고 윤 권사님과 나는 가족들 저녁 준비를 해야 했기에 병원을 나섰다. 문 전도사님은 기쁘게 자원하는 마음으로 더 남아서 통역을 도와주겠다고 해 큰 도움이 되었다. 지난주에는 기도할 때 흐느끼던 자매가 병원에 입원해 치료를 받게 되니 미소 지을 여유를 보였다.

우리도 모든 일을 신속하게 인도하신 주님께 감사드리며 병원에 관한 정보를 준 김현성 선생님에게도 전화해 함께 기쁨을 나누었다. 김현성 선생님도 선교 첫날부터 지금까지 여러 가지로 동역해 주시는 분이다.

우리는 자매를 위해서 기도하면서 자매의 뇌 속에 있는 것이 종양이 아니기를 기도드리고 또 기도드렸다. 드디어 병원에서 연락이 왔는데 뇌종양이 아니고 뇌출혈로 피가 뭉친 것이라고 판명이 났다. 마비 증상도 사라졌다. 병실에 도착하니 놀랍게도 자매는 중국어 성경을 읽고 있었고 우리를 보자마자 춤을 추듯 끌어안고 활짝 웃어 보였다. 정말이지 '천국이 무엇인지 알려 주는 미소'였다. 그 모습을 보고 있으니 우리도 얼마나 기뻤던지!

유니세프 친선 대사로 소말리아 등 아프리카를 방문했던 오드리 헵번의 고백이 공감이 되는 것은 바로 이 지점에서다. "당신은 왜 자신을 희생하면서까지 아이들을 돕는 거죠?" 기자가 묻자 오드리 헵번이 대답했다.

"이것은 희생이 아닙니다. 희생은 자신이 원하지 않는 것을 위해 자신이 원하는 것을 포기하는 걸 의미하기 때문입니다. 이것은 희생이 아닙니다. 오히려 내가 받은 선물입니다."

정말 희생이 아니고 오히려 우리가 받은 선물이다. 우리는 그리스도의 심장으로 한 영혼의 고통을 같이 나눌 때 하늘 문은 열리고 살아 계신 주님의 임재를 언제나 볼 수 있는 특권을 선물 받았다.

정말 싫은 일을 억지로 희생해서 하는 것이 아니다. 특별히 주님이 부탁하신 심부름을 하는 특권이다. 이런 심부름을 시키시는 우리 주님은 우리 쓸 것도 미리 아신다. "홈페이지에 선교회 계좌번호도 없고 전화해도 가르쳐 주지 않는데 어떻게 그런 헌금이 채워져요?"라는 질문을 받는데 우리 선교회에 헌금을 하고 싶으신 분들은 외국인들과 같이 예배에 참석하시면서 헌금을 한다. 네팔을 갈 예정이었는데 먼 곳에 사는 분이 교회로 찾아와서 어떻게 여기까지 왔느냐고 물으니 네팔에 헌금을 전하고 싶어서 왔다고 하기도 했다. 정말 놀라웠다.

"새 계명을 너희에게 주노니 서로 사랑하라 내가 너희를 사랑한 것같이 너희도 서로 사랑하라"(요 13:34).

많은 병자를 고치신 예수님의 사랑을 따라

어느 날 아침 호수 공원에서 미얀마에서 온 조조를 만났다. 처음 조조를 만났을 때 그는 영어로 된 책을 읽으며 독서삼매에 빠져 있었다. 그와 명작 이야기를 하다 보니 금방 가까워졌다. 그는 비록 노동자로 왔지만 상당히 지식인으로 보였다.

조조는 한국에서 돈을 벌어 미얀마에 학교를 지을 꿈을 가지고 있었다. 한국에서 노동을 하는 것이 미얀마의 다른 직장보다 돈을 더 벌 수 있으니까 한국으로 온 것인데, 노동이 몸에 배이지 않은 지성인이라 돈을 벌지도 못하고 치질보다 더 아픈 치루병에 걸려서 귀국하려던 참이었다. 한국에서 수술을 하려면 돈이 많이 들기 때문이었다.

첫날 이런 이야기까지 나눈 것은 아니었다. 호수 공원에서 만난 며칠 후 다른 장소, 횡단보도 앞에서 그와 나란히 서 있다 우연히 눈이 마주쳐 다시 한번 만나게 됐다. 우연히 두 번씩 만나기가 쉽지 않은데 하나님께서 조조를 사랑하셔서 그렇게 만나게 하신 것 같다. 그날 그의 사정을 듣고 다음 날 즉시 병원에 입원시켜 수술을 받게 해 주었다.

주님께서는 이 세상에 계실 때 수많은 병자들을 고치시며 그들에게 사랑을 보여 주셨다. 우리도 주님의 모범을 따라 모든 병자를 하나님께서 부탁하신 일로 받아들인다. 그래서 이렇게 길에서 두 번밖에 본 적이 없는 외국인이라도 "하나님은 사랑이시다"를 보여 줄 수 있음을 우리는 기쁨으로 받아들인다. 그것을 주님이 기뻐하시고 원하신다는 것을 증명하는 것은 그 많은 병원비를 언제나 제때 낼 수 있었다는 사실이다.

오늘 퇴원시킬 돈이 없으니 며칠만 더 기다려 달라 사정하거나 사람에게 구걸하지 않아도 항상 하나님의 자녀로써 당당하게 병원비를 지불할 수가 있었다. 그래서 언제나 어려운 이들을 돕는 일을 주저하지 않고 즉시 행동으로 옮길 수가 있다. 하나님께서는 우리에게 말과 혀로만 사랑하지 말고 행함과 진실함으로 하라고 말씀하셨다.

조조는 수술 후 회복 기간에 쉼터에서 잠시 머물다가 역시 자신의 꿈을 이루기 위해 다른 곳으로 일하러 갔다. 그러면서도 가끔 교회에 왔다. 그렇다고 예수님을 믿은 것은 아니었다. 3년이 넘는 세월이 흘렀다. 그가 예수님만이 구세주 되심을 알 때까지 우리는 인내하며 사랑으로 순종하려 한다.

그런데 슬프게도 지진이 미얀마를 휩쓸었을 때 조조의 가족이 살던 집을 강타했다. 다행히 가족들의 생명에는 지장이 없었지만 집은 일부만 남고 사라져 버렸다. 많은 외국인들이 예수님을 금방 믿지는 않지만 어려울 때나 마음이 아플 때 우리를 찾아온다. 조조도 그렇게 우리 집에 오게 되었다. 교회에서는 만났었지만 우리 집에는 처음 온 조조와 많은 대화를 나누었다.

그는 막노동 밑바닥 생활을 하면서 한국 사람들이 욕하고 술 마시는 속에서 겪은 여러 가지 일들을 나중에 책으로 써 보겠다고 했다. 그래서 나도 역시 미국이나 영국 같은 나라에서 아시아 사람이라고 무시당한 경험을 했다고 했다. 사람들 속에는 죄의 본성이 있어서 자신이 그렇게 당했으면 다른 사람은 더 이해하고 더 잘해 주어야 하는데 그렇지 못하다고, 모든 사람들이 마찬가지라는 이야기를 나누었다.

또한 사람이 무엇을 한다고 계획하지만 잠시 지진이 일어나면 맥없이 쓰러지고 마는 것이 사람의 운명임을 알면 우리는 겸손해질 것이라고도 이야기했다. 이것은 결코 교육으로 해결될 문제가 아니었다. 왜냐하면 모든 사람들이 배고픈 나라에서는 빵 문제로, 배부른 나라에서는 영적 굶주림으로 고통당하고 있기 때문이다. 이런 우리에게 새 삶을 주기 위해 예수님은 십자가에서 죽으셨다. 예수님만이 진정한 해결이 되시는 길이요 진리요 생명이심을 전했다.

조조는 한국말에서 '소망'이라는 말을 절대 잊어버릴 수가 없다고 했다. 처음 만났을 때 내게 들은 말이라고 했다. 우리는 같이 성경을 읽고 기도도 진지하게 했다.

현대인들은 돈 때문에 울고 돈 때문에 웃으며 돈을 신으로 모시고 살아간다. 외국인 노동자들도 돈 때문에 자국을 떠나오고 돈 때문에 가족과 떨어져 머나먼 타국에서 온갖 수모를 당한다.

이런 외국인들이 주님을 믿게 되면 돈이 신의 자리에서 물러나고 주님을 모시게 되는 것을 볼 때 우리는 감격한다. 일하면서 다달이 국민연금을 내고 자국으로 돌아가게 된 한 외국인은 퇴직금 명목으로 연금 86만 원을 손에 쥐게 되었다. 몇 년 동안 열심히 번 돈은 모두 송금했기에 자신을 위해 쓸 수 있는 유일한 돈이었다. 하지만 그는 그 귀한 돈에 우수리를 맞춘 100만 원을 다른 외국인들을 위해 써 달라고 헌금하고 떠났다. 다른 외국인들처럼 선물 쇼핑을 하지 않아서 단출한 가방을 챙겨 공항 안으로 사라지는 그의 모습을 보며 마음속으로 얼마나 감동의 눈물을 흘렸는지 모른다.

하루는 다른 외국인 형제가 만나자고 하여 자리를 같이했다. 그는 150만 원이 든 봉투를 내게 내밀었다.

"이게 뭐예요?" 나는 놀라 물었다. 일 년 전 그가 약혼만 하고 결혼은 하지 못한 채 결혼식을 올릴 300만 원을 바라며 간절히 기도했는데 그 응답이 이루어지도록 도움을 준 적이 있었다. 그것은 되돌려 받을 생각 없이 준 선물이었다. 그러나 그는 그날 하나님의 응답을 받았다고 내게 고백했고, 마음속으로 열심히 노력해 갚겠다는 의지를 다졌다고 한다. 그러고는 일 년 동안 동전 한 푼도 절약해 왔다. 그의 가정은 오직 그의 벌이에만 의존했기에 그는 월급 전액을 보내고 자신은 최소한의 용돈을 썼다. 그런데 그 용돈을 쓰지 않고 모아 온 것이었다. 그 형제에게는 정말 하나밖에 없는 이삭을 바치는 심정이었을 것을 잘 알기에 나는 그 돈이 받을 생각 없이 준 선물이었다고 말했다. 나는 그의 마음만 받고 그는 그 돈을 하나님께 드리기로 했다. 헌금 바구니에 귀한 헌금이 바쳐졌다. 주님께서는 전 재산을 드렸다고 말씀하셨으리라. 사양하는 나에게 그는 이렇게 말했다.

"나는 홀리네이션스 선교회에서 받지만 말고 나누고 베풀어야 함을 배웠어요. 지금까지 살아온 것은 하나님의 은혜요 기적이었습니다. 역대상 29장 14절 말씀이 저의 고백이기도 합니다. 모든 것이 주님에게서 나왔으니 주님께 받은 것을 주님께 드렸을 뿐입니다."

러시아에서 온 48세의 타미라는 공장에서 일하던 중 심한 류머티즘에 걸려 다리를 절뚝거리며 고통을 호소해 왔다. 말이 충분히 통하지 않는 타미라는 사방으로 튀어나온 혹을 보여 주며 "많이 많이 아파"라며 눈물을 글썽거렸다. 얼른 그녀를 태우고 병원으로 데려갔다. 하나님이 한 사람을 얼마나 사랑하는지를 알리는 매우 좋은 기회로 여겨 우리는 감사하고 기도하며 달려갔다.

"나는 피부병이 심해서 1년 8개월이나 고생을 했어요. 병원에 한 번 가면 10만 원을 넘게 냈고 청량리의 병원이 좋다고 해서 그곳까지 갔어도 나아지지 않았어요. 나는 한국말을 못하니까 사장님에게 한 번만 병원에 같이 가 달라고 요청을 해도 바빠서 안 된대요. 돈은 모두 내가 낼 테니 마마가 한 번만 같이 병원에 가 줄 수 있어요?" 파키스탄에서 온 무슬림 알리가 전화로 호소했다. 이런 요청이 올 때 나는 속으로 '복음을 전할 좋은 기회를 주셔서 감사합니다'라고 기도하며 즉시 달려간다. 전화 받은 다음 날 쏜살같이 그에게 달려가니 알리가 놀란 눈으로 쳐다봤다. 나는 바쁜 사람이니 한참 있다 올 줄 알았는데 그렇게 빨리 와 주었느냐며 기뻐했다.

병원에서 알리의 몸을 살피니 심한 건선에 걸려 있었다. "마마, 우리나라에 있는 엄마는 내가 이렇게 아픈 줄 알면 빨리 돌아오라고 할 거예요. 너무나 가려워서 견딜 수가 없어요. 만일 오늘 나으면 나는 마마에게 감사할 거예요."

치료를 받고 나올 때 나는 계속해서 속으로 간절히 기도했다. 그리고 일주일 후 알리를 방문하니 그렇게 고생하던 피부병이 많이 호전되어 있는 것을 볼 수 있었다. 질병 앞에서 합심하여 기도하고 주님이 상황을 열어 주시고 치료해 주신 모든 과정은 외국인 노동자들에게 "하나님은 사랑이시라"를 구체적인 행동으로 보여 줄 수 있는 귀한 시간이었다.

한국 교회가 하루에 36개씩 문을 닫고 복음 전파는 너무나 어렵다고들 호소하는 것을 본다. 이런 외국인 노동자들 못지않게 절박한 한국 사람들도 얼마나 많은지! 그들을 사랑으로 품고 모두가 한마음으로 기도하며 순종하려 한다면 하나님은 필요한 인력과 물질을 공급해 주실 것이다. 그렇다면 복음이 얼마나 능력 있게 전파되는지 보고 행복한 비명을 지를 것이다.

11장

기도가
한 영혼을
살립니다

—

임금이 대답하여 이르시되 내가 진실로
너희에게 이르노니 너희가 여기 내 형제 중에
지극히 작은 자 하나에게 한 것이
곧 내게 한 것이니라 하시고
(마 25:40)

우리는 "하나님은 사랑이시라"라고 사랑의 하나님을 전하는 선교 회인데 언어도 안 통하는 이들이 말과 혀로만 복음을 전한다고 다른 종교를 믿다가 예수님을 구주로 받아들일 수 있을까?

성경은 행함이 없는 믿음은 죽은 믿음이라고 정의하고 있다.

"만일 형제나 자매가 헐벗고 일용할 양식이 없는데 너희 중에 누구든지 그에게 이르되 평안히 가라, 덥게 하라, 배부르게 하라 하며 그 몸에 쓸 것을 주지 아니하면 무슨 유익이 있으리요 이와 같이 행함이 없는 믿음은 그 자체가 죽은 것이라 어떤 사람은 말하기를 너는 믿음이 있고 나는 행함이 있으니 행함이 없는 네 믿음을 내게 보이라 나는 행함으로 내 믿음을 네게 보이리라 하리라 네가 하나님은 한 분이신 줄을 믿느냐 잘하는도다 귀신들도 믿고 떠느니라 아아 허탄한 사람아 행함이 없는 믿음이 헛것인 줄을 알고자 하느냐"(약 2:15-20).

참된 주님의 제자가 되기 위해서 우리는 오직 주님께 도움을 요청하는 간절한 간구를 할 수밖에 없다. 그렇게 하나님 존전에 나아갈 때 하나님께서는 성경의 모든 약속을 신실하게 지켜 주셨고 우리도 기도하는 기쁨을 날마다 더 배워 갔다.

코리언 드림을 품고 한국에 발을 딛는 수많은 외국인들 중 취업을 하고 돈을 벌어 가족을 돕는 사람들은 성공한 경우다. 그러나 마음이 약하고 몸도 약해 도저히 적응하지 못했는데 이미 이곳에 올 때 많은 빚을 져서 오도 가도 못하는 국제 미아들을 종종 만난다.

이런 외국인을 만나면 예수님께서 길에서 강도 만나 쓰러져 있는 사람을 도운 선한 사마리아인을 비유로 드시면서 "너희도 가서 이와 같이 하라"라고 하신 말씀이 우리 귀에 들려온다. 이 부탁의 말씀에서 한 영혼을 귀하게 여기시는 주님의 마음이 느껴진다.

섬김에 영혼을 살리는 길이 있다

방글라데시에서 온 형제 카리드도 국제 미아 중 한 명이었다. 그는 이태원에 위치한 모스크에 가 잘 데 없고 오갈 데 없는 수많은 외국인들처럼 이부자리 없이 바닥에서 잠을 자고 한 끼에 얼마씩 돈을 주고 밥을 사 먹었다. 그러다 그만 가족 걱정과 한국에 올 때 진 빚 걱정으로 병이 들었다.

같은 나라에서 온 형제가 심한 병에 시달리는 카리드에게 우리 선교회를 소개했다. 선교회에서 병도 고쳐 주고 잠자리와 식사도 무료로 제공한다고 전해 준 것이다. 어두운 표정을 한 카리드가 쉼터에 와서 자신의 처지를 모두 털어놓았다. 적십자 병원에 갔더니 몸에 돌이 있다고 했는데 수술하려면 많은 돈이 들어 몇 개월을 약으로 버텼다는 것이다. 그의 상태를 우리 선교회에 오시는 선생님께 말씀드리니 몸에 돌이 있으면 너무나 고통이 심하기에 약을 먹고 버틴다는 것이 도저히 이해가 안 간다며 병원으로 데려가 정밀 검사를 해 보자고 했다.

윤 권사님과 함께 큰 병원에 가서 초음파 검사를 해 보니 그의 말과는 달리 결석증이 아니었다. 몸에서는 아무것도 나타나지 않았고, 극심한 스트레스로 인해 소변을 잘 볼 수 없고 심한 통증을 느끼는 것이라는 진단이 나왔다. 스트레스 정도를 측정하니 스트레스가 너무나 심해 마치 사업에 실패한 사람 같은 측정치가 나왔다.

카리드에게 그의 상태를 설명하니 한국어도 영어도 안 되는 언어의 장벽 때문에 그는 우리가 자신을 조현병 환자로 생각하는 줄로 오해하고 화를 내면서 자신의 부모도 정신이 이상한 사람이 아닌데 왜 자기가 그러겠느냐고 투덜거리며 계속 수술을 해 달라고 했다. 그렇게 우기는 그가 측은하기도 하고 답답하기도 해 돈이 아까워서 수술을 안 해 주는 것이 아니고 돌이 없는데 어떻게 수술을 하겠느냐고 하니 도통 이해할 수 없다는 표정을 지으며 기분 나빠했다.

쉼터가 더 좋은 환경이니 그곳에서 쉬면서 상태를 보자고 권했지만 그는 다시 이태원으로 가 버렸다. 그러다 얼마 안 있어 심한 천식으로 다시 선교회를 찾아왔다. 숨을 색색 몰아 내쉬며 손짓 발짓으로 자신이 매우 아프다고 호소했다. 하룻밤 쉼터에서 자고 다음 날 병원에 가자고 그와 약속했는데 그 밤에 아프다고 소동을 피워 옆에 있던 다른 외국인 형제들이 그를 데리고 우리와 거래하지 않는 병원 응급실로 데리고 갔다. 다음 날 병원에서 난리가 났다. 병원에서 일반 수가로 계산한 비용을 내라고 하니 외국인들에게 그 돈이 있을 리 없었다. 그 돈을 지불하지 못하면 바로 경찰로 넘기겠다고 원무과에서 전화가 왔다.

우선 병원비를 모두 치러 그를 구해 온 후 우리는 의논을 했다. 그의 연약한 정신과 육체로는 이 험난한 한국의 중소기업에서는 도저히 견뎌 나갈 수 없어 보였다. 그래서 그에게 선교회를 소개해 준 친구에게 카리드와 대화하게 했다. 그리고 본국으로 돌아가는 것이 그의 병을 치유하는 방법인 것 같다고 일러 주도록 했다. 그러자 카리드는 버스비, 전철비도 없이 친구들이 조금 도와준 돈으로 사는 처지에 항공료를 어떻게 치를 수 있을까, 두 살 난 어린 딸이 아파서 그 딸을 치료해 주려고 왔는데 자신도 아프니 앞이 캄캄하다며 흐느끼는 것이었다.

우리 선교회에서는 그의 비행기 표를 사 주고 또 그의 손에 돈도 들려 준 뒤 그를 공항으로 데려다 주었다. 그는 옷도 못 빨고 지내다가 쉼터에서 옷을 깨끗하게 빨아 입고는 기쁜 미소를 지으며 가족의 품으로 떠났다. 이 섬김은 카리드를 돕는 것을 본 그 나라 형제들이 쉼터로 많이 오는 계기를 만들어 주었다.

순종하는 자에게 한 영혼을 맡기신다

주님께 순종할 자세가 되어 있는 사람에게 주님은 영혼들을 맡기신다. 이는 지난 30여 년간 선교의 현장에서 수도 없이 체험한 사실이다. 전도가 안 된다고 한탄하는 분들에게 말씀드리고 싶은 것은 진정 영혼을 섬기기 원하는 사람에게 주님은 마치 차가 네비게이션에 의해 정확한 장소로 인도되듯 길 잃은 영혼에게로 그를 정확히 인도해 주시리라는 것이다.

어느 날 호수 공원에서 방글라데시 형제들을 만나 대화를 나누던 중 모자말이라는 형제를 통해 호수 공원 밑의 길가에 중소기업 공장들이 많이 들어서 있음을 알았다. 공장 쪽은 한 번도 가 본 적이 없어서 모든 것을 아시는 하나님께 계속 기도를 드렸다. 하나님께서 그 기도를 들어주셔서 하루는 운전 중에 차선을 바꾸려고 고개를 옆으로 돌리는데 멀리 '물류센터'라는 간판이 보였다. 그리고 모자말이 어눌한 한국어로 말한 곳이 바로 물류센터 옆이라는 것을 깨닫게 되었다.

나는 간판을 향해 걸어갔다. 일산 신도시의 밭에 있는 옆길을 따라서 한참을 걸어가니 그 장소가 나왔다. 그다음은 어디로 가야 할지 몰라 그 자리에 서서 가야 할 길을 인도해 달라고 아버지께 기도드렸다. 그리고 나서 근처를 살펴보니 식당이 하나 보였다. 식당에 가면 무슨 정보를 알아볼 수 있지 않을까 생각하며 그곳에 가니 너무나 놀랍게도 그 방글라데시 형제들이 식당 바로 위층에 살고 있는 것이었다. 참 신기하게도 그때 한 형제가 계단을 내려왔다. 그에게 말을 건네니 무슬림으로 이름이 아자드인 그가 내게 물었다. "혹시 크리스천이세요? 나는 무슬림이지만 크리스천의 의미가 무엇인지 알고 싶어요." 나는 너무나 깜짝 놀랐다. 아자드는 상당히 진지했고 나는 주님이 어떤 분이지 소개하기 시작했다. 그리고 그와 함께 차를 타고 와서 교회가 어디 있는지 알려 주었고, 아자드의 안내를 받아 공장을 찾아가서 다른 방글라데시 형제들도 만날 수 있었다. 그런데 얼마 후 아자드가 다른 공장으로 옮겨 그를 찾을 수가 없었다. 주님을 알고 싶어 하던 형제인데 더 이상 만나지 못해 나는 매우 안타까웠다. 매일 그의 이름을 부르면서 기도하기 시작했고 그로부터 몇 달이 지났다.

어느 날 다른 외국인 형제를 입원시키기 위해 병원에 도착하니 한 방글라데시 형제가 치료를 받으러 와서는 원무과에서 쩔쩔매고 있었다. 그의 이름은 모으드였다. "내가 좀 도와줄까요?" 주소가 없는 그에게 교회 주소를 대신 알려 주고 진료를 받을 수 있게 도와주었다. 그리고 이틀 후 엑스레이 판독 결과를 듣기 위해 담당 의사 선생님께 내가 대신 가 주기로 했다. 그렇게 자주 공장에서 나올 수 없는 외국인 노동자들의 사정을 알기 때문이었다. 모으드는 진심으로 기뻐했다. 다음 날 그에게 교회에 나오라고 전화했더니 "내 친구 좀 바꿔 줄게요" 하면서 친구를 바꾸어 주었다.

전화를 받은 외국인의 목소리에 나는 놀랐다.

"나, 아자드예요. 전에 만났지요? 기억하세요?"

"늘 이름을 부르면서 기도하던 아자드를 당연히 기억하지요."

아자드와 모으드는 한 공장에서 일하고 있었다. 모으드가 그날 병원에서 나를 만난 이야기를 전해 듣고 그 사람이 내가 아닐까 생각했다는 것이다. 그렇게 하여 둘은 같이 교회에 나왔다. 나는 매 주일 그들의 숙소에 방문하여 성경을 가르쳐 주었다. 하지만 아자드는 복음을 들으면서도 늘 돈 버는 데 전념하여 돈에만 관심이 있었다.

24시간을 잠도 자지 않고 돈을 벌었는데 어느 날은 그렇게 번 돈 중에 100만 원을 잃어버린 적이 있었다. 나는 그에게 건강을 잃으면 돈은 아무 의미가 없고 생명이 귀중하다고 이야기했다. 그리고 주님을 통해서만이 구원을 얻을 수 있다고 알려 주었다. 하지만 그는 한 귀로 들으면서 돈벌이에만 힘을 쏟을 뿐이었다.

그러던 어느 날 하나님께서 그가 진짜 복음을 받아들일 계기를 마련하셨다. 하루는 열이 심하게 나 일어날 수 없게 된 것이다. "마마, 지금 나 좀 만나 주실 수 있어요? 너무 많이 아파요. 열도 나고 기침도 나요. 밥도 먹을 수가 없어요." 이럴 때는 드디어 복음을 들을 기회가 왔구나 하면서 다른 일을 제쳐 놓고 달려간다. 병원에서 사랑으로 섬길 때, 육체의 질병을 치료하는 동시에 가장 중요한 영혼의 질병도 치료해 줄 수 있었다. 엑스레이 촬영을 하니 아자드는 폐렴이었고 그냥 둘 경우 폐병으로도 번질 수 있다고 했다. 링거 주사를 맞으면서 그는 고백했다. "마마, 크리스천은 너무 좋아요. 그리고 마마 말이 옳아요. 나는 예수님 믿겠어요." 그리고 며칠 쉬는 동안 성경을 읽겠다고 약속했다. 할렐루야!

모으드는 그 후 직업을 잃게 되었을 때 우리가 식사동에 직업을 구해 줄 수 있게 되어 가까이 있으면서 자주 만나 교제하고 교회도 열심히 출석하게 됐다. 방글라데시로 떠난 후에도 국제 전화로 안부할 정도로 친밀해졌다.

선한 사마리아인이 된 외국인 노동자들

당국에서 수시로 불법 체류자들을 단속하기에 이들이 잡혀갔다는 소식을 전해 들으면 이들을 본국으로 돌려보내는 일도 우리가 해야 할 일 중에 하나이다. 불법 체류자로 잡혀가면 주로 경기도 화성의 외국인보호소로 가게 된다. 그들에게 여권이나 짐을 가져다주는 가장 간단한 일부터 본국으로 돌아갈 여건이 안 돼 발을 동동거리는 이들을 돕기도 한다.

다달이 번 돈을 모두 집으로 보내고 자신은 비행기 표도 살 돈이 없는 외국인들이 종종 있다. 인도 형제 왈리아가 그런 경우였다. 한국에 온 지 얼마 안 되어 친한 친구도 별로 없었고 두어 달 전에 신발 공장에 취직을 시켜 주어서 다니고 있었다. 그런데 잠시 슈퍼에서 물건을 사다가 그만 단속에 잡혀간 것이다. 다음 날 우는 목소리로 그에게서 전화가 왔다. 전화를 받아 든 출입국관리소의 직원이 내게 설명하기를 비행기 푯값을 보내 주지 않으면 그때까지 구류되어 있어야 하고 보내 주면 바로 본국으로 송환될 수 있다고 했다.

우리는 바로 푯값을 보내 주었다. 평소에는 길에 외국인이 많았는데 연일 단속에 잡혀 들어가는 뉴스가 들려 외국인들은 모두 숨어서 나오지를 않았다. 예배 시간에도 교회 안이 텅텅 비겠구나 생각하니 가슴이 아팠다. 그러나 예배 시간이 되자 외국인 형제들이 예배당 안으로 몰려들어 왔다. 그들은 전과 같이 예배를 드렸다. 저녁 식사를 하는데 인도 형제 빌라와 그의 친구들이 나를 보기를 원했다.

"마마, 이 돈 60만 원인데 왈리아에게 전해 주세요."

"이미 비행기 값을 전해 주어서 괜찮아요." 내가 대답하니 인도 형제들이 설명해 주었다.

"알아요, 왈리아는 돈이 하나도 없으니까 우리가 모아서 인도 가서 용돈으로 쓰라고 전하는 거예요."

외국인들에게 60만 원이 얼마나 큰 돈인지 알기에 나는 그들의 등을 두드려 주며 "참 착하네요. 사람은 그래야 하는 거예요"라고 칭찬했다. 우리 형제들은 멋쩍게 수줍은 미소로 답했다. 사막에서 오아시스를 보는 것 같은 이런 기쁨 때문에 선교 현장에서 감사가 넘칠 수 있다.

"사랑하는 주님, 항상 함께하셔서 기쁨으로 채워 주시니 감사합니다. 주님, 가시자고 하시는 대로 함께 가기를 소원합니다. 오늘도 앞장서 주시옵소서!"

하나님께서 하시는 일을 바라보는 즐거움

성경이 가르쳐 주는 진정한 그리스도인의 삶은 하나님을 마음과 뜻과 정성을 다하여 사랑하고 내 이웃을 내 몸같이 사랑하는 삶이다. 아프리카에서 선교 사역을 하는 하이디 베이커(Heidi Baker)는 하나님을 사랑하면 내 이웃은 저절로 사랑하게 돼 있다고 했다. 하나님을 사랑하는데 하나님께서 만드신 한 영혼 한 영혼을 사랑하지 않는 것은 앞뒤가 맞지 않는 것이다. 지극히 작은 자에게 한 것이 곧 주님께 한 것이라는 말씀은 늘 한 영혼을 소홀히 대할 수 없는 시금석이기도 하다.

"임금이 대답하여 이르시되 내가 진실로 너희에게 이르노니 너희가 여기 내 형제 중에 지극히 작은 자 하나에게 한 것이 곧 내게 한 것이니라 하시고"(마 25:40).

인도에 가서 뵈었던 마더 테레사는 수많은 아이들이 수녀원 앞에 버려지고 경찰서에서도 버려진 아이를 데려가라고 하는 가운데 영국 BBC 기자가 아이들이 너무 많다고 생각하지 않느냐는 질문에 "하늘에 별이 많다고 합니까?"라고 되물었다. 마더 테레사가 운영하는 장소마다 써 붙인 "하나님을 위해서 우리 아름다운 일을 합시다"라는 글귀를 보았다. 우리가 하는 이웃 사랑은 하나님의 영광을 위해서 하는 일이다.

두 달이 넘게 중환자실에 있었던 카자흐스탄 형제를 퇴원시키러 병원에 들어서니 허리 디스크로 병원에 온 한 파키스탄 형제와 함께 있던 간호사 한 분이 나를 보고 반가워하며 달려왔다.

"권사님이 언제 오시는지 계속 내다보면서 기다렸어요."

"왜 기다리셨는데요?"

"이 외국인을 도와주실 수 있나 해서요."

참으로 기가 막혔다. 허리가 아파서 걷지도 못하는 한 파키스탄인이 휠체어에 앉아 있었다. 그 파키스탄인을 쳐다보니 옆에 서 있던 그의 친구가 나를 보고 "도와주세요"라며 애걸했다. 파키스탄에서 온 알리를 그렇게 해서 수술해 주었다. 그런데 이 형제가 퇴원하자마자 며칠 지나지 않아 이번엔 우즈베키스탄 형제인 바리스가 배가 아프다는 것이었다. 검사 결과 맹장일 가능성이 높았다.

다인실이 없어서 2인실에 바리스를 입원시켰다. 너무나 많이 아파하는데 시간을 지체할 수 없었기 때문이다. 속으로는 얼마나 병원비가 나올까 걱정을 하고 있었다. 그러면서도 "행하시는 분은 하나님이시다"라는 말씀을 선포하며 나의 연약한 믿음을 다졌다.

"너희 안에서 행하시는 이는 하나님이시니 자기의 기쁘신 뜻을 위하여 너희에게 소원을 두고 행하게 하시나니"(빌 2:13).

주님께서는 바리스를 우리에게 맡기시고 그의 병원비도 역시 다 준비해 주셨다. 우리가 하는 일은 오직 주님의 뜻에 순종하는 것뿐이다. 환자들을 돌보는 시간은 곧 그들에게 복음을 전하고 그들의 신과 다른 우리 아버지의 크신 사랑을 행동으로 보여 주는 시간임을 늘 체험한다. 타 종교를 가진 대부분의 외국인 노동자들에게 예수님을 전할 때 말과 혀로만 하면 전혀 먹히지 않고 그들을 이해시킬 수도 없다. 행함과 진실함의 사랑으로만 그들의 얼어붙은 마음을 녹일 수 있는 것이다.

복음 전파자는 행복하다

하나님께서는 외국인 노동자들뿐 아니라 교도소 수감자, 향유의집의 장애우 등 사회의 다양한 계층을 많이 만나게 해 주셨다. 이들의 영혼이 복음으로 살아나는 것을 보는 것은 참으로 행복하다.

2001년 여름, 포천에서 수천 명의 장애우를 위한 집회가 열렸다. 김영덕 목사님의 권면으로 집회에 함께 가게 됐다. 하나님께서는 많은 사람들 중에서 은주 옆에 앉아 그와 대화를 나누게 하셨다. 이렇게 우리의 만남이 시작됐다.

70년생인 은주는 우리가 만났을 당시 32세였다. 은주는 본래 비장애인으로 태어났지만 어린 아기였을 때 할머니가 다락에서 무쇠로 만든 물통을 꺼내다가 그만 그 무거운 물통을 자는 은주에게 떨어뜨려 뇌성마비가 오고 말았다. 손발을 못 쓰고 언어 장애를 앓게 된 은주는 학교 문전에도 가지 못했다. 부모님은 이 문제로 서로 많이 다투다 급기야 엄마가 집을 나가 버렸다. 아빠는 술을 마시며 한탄하며 살다 일찍 세상을 떠났고 오빠는 돈을 번다고 서울로 갔다. 쌍둥이 동생이 집에 없을 때 연탄불이 꺼지면 다시 불을 지필 수 없어 냉방에서 견뎌야 했고, 배가 고파지면 혼자 식사를 챙길 수 없어 마당으로 몸을 굴려 나가 수돗물로 배를 채우곤 했다.

그러다가 몇 년 만에 오빠가 집으로 돌아와서는 엄마 소식을 들려주었다. 너무나 기뻐서 오빠와 함께 만난 엄마는 식당일을 하며 식당에 붙은 쪽방에서 지내고 있었다. 굶어도 좋으니까 엄마하고 살고 싶다는 은주의 소원을 엄마는 들어줄 수 없었다. 하룻밤을 엄마와 같이 잔 은주는 21세에 김포 향유의집으로 보내졌다.

내가 은주를 만난 것은 그가 시설에서 지낸 지 11년째 되었을 때였다. 은주가 몸은 불편해도 인지 능력은 우리와 다름없었기에 마음속에 상처가 깊이 응어리져 있었다. 우리는 우선 한 달에 한 번 만나 상처를 치유받기를 간절히 기도드렸다. 하루는 치유가 될 때까지 기도하기로 결심하고 시간 가는 줄 모르고 기도했는데, 은주의 상처가 다 치유되어 전과 같이 마음이 예민해지지 않았다. 그래서 그날의 기도를 나는 '심장 이식 기도'라고 이름 붙였다. 이 기도는 상대방의 심장이 느끼는 것처럼 그의 입장이 되어 드리는 기도를 말한다. 이날 나는 은주가 냉방에서 자고 수돗물로 주린 배를 채우는 심정, 제대로 언어를 구사할 수 없는 안타까움, 다른 사람처럼 평범하게 가족과 함께 살고 싶은 마음 등을 은주의 입장에서, 은주의 심장을 내게 이식해 온 것처럼 느끼며 절절히 기도했다.

우리가 함께 눈물 콧물 흘리며 오랫동안 드린 기도로 은주는 밝은 성품을 지니게 됐다. 더욱 놀라운 것은 30세가 넘으면 어려워지는 언어 교정이 이루어져 거의 일반 성인과 같은 언어 능력을 하나님의 선물로 받게 된 것이다. 은주는 사회복지사가 되어 자신과 같은 장애우를 돕는 꿈도 가지게 되었다.

은주는 오랫동안 평범한 사람들처럼 살고 싶었다. 하나님은 이런 은주의 꿈을 넘치게 다 들어주셨다. 손발을 못 쓰지만 발가락 하나로도 기가 막히게 컴퓨터를 잘해서 '남은자 센터'와 '은평 센터'에서 일도 하게 되었고 상상도 못했던 일본 출장도 가는 기회를 누렸다. 임대 아파트에도 당첨되어 20여 년간 살았던 시설을 떠나 깨끗한 집에서 살게 되었다.

하나님은 여기에서 멈추지 않으셨다. 신앙이 정말 순수하고 건강한 비장애인이 은주의 페이스북에서 은주의 밝은 성품을 보고 감동받아 서로 교제하게 됐고, 2년 반이 지난 2016년 5월 이 둘은 결혼식을 올렸다. 하나님은 헬렌 켈러의 꿈을 지닌 은주의 손과 발이 되어 줄 설리번 같은 문승찬 집사님을 남편으로 보내 주신 것이다.

결혼식에서 신랑 신부가 결혼 서약을 할 때 우렁차게 대답하는 신랑의 모습이 너무나 신실해 보여 더욱 주님을 찬양했다. "사랑은 언제나 오래 참고 사랑은 언제나 온유하며." 11살 주연이의 바이올린 선율이 흐르는 결혼식에서 우리는 모두 특별한 감동을 받았다. 함께한 홀리 가족들은 하나님께서 하신 일에 감탄했다. 한 외국인 학생은 이런 고백을 했다.

"마마, 오늘 특별한 결혼식에 초대해 주셔서 감사해요. 아직도 비장애인이 장애를 입은 신부와 결혼한 것이 신기해요. 내 생애 처음으로 그런 분을 뵈었네요."

결혼식 중에 두 사람의 편지 낭독이 있었다. 식전에 은주에게 울면 예쁘게 한 화장이 지워지니까 이를 꼭 깨물고 울지 말라고 이야기했건만 은주는 그만 참지 못하고 눈물을 흘리고 말았다.

주님께서 직접 사람의 마음도 움직이십니다

인도의 형제 짜린씽이 다리가 아파서 9일 동안 입원한 후 퇴원했다. 무려 30여 명의 조카를 거느린 대부 격이었던 그가 퇴원을 한 지 며칠 안 되었을 때 그의 조카인 미라가 밤 12시가 다 되어서 다급한 목소리로 전화를 했다.

"마마, 지금 내 동생이 경찰에 잡혔어요. 어떻게 도와주세요."

보통의 경우 불법 체류자가 잡혀서 컴퓨터에 이름이 입력되면 그 누구도 도울 수가 없다. 그렇게 출입국관리소로 넘겨진 얼마나 많은 형제들이 울면서 추방되었는지 아는 미라와 나도 마음이 놀라고 답답하기만 할 뿐이었다. 그래도 마지막 한 가닥 희망으로 경찰서에 찾아가서 호소라도 해 볼 요량으로 외출복으로 갈아입었다. 남편과 아들이 밤에 혼자 나가는 것은 위험하다고 같이 나가자고 했다. 주님과 항상 동행하니 염려하지 말라고, 혼자 갈 수 있다고 대답하고는 어느 경찰서로 잡혀갔는지 물으려 미라의 동생에게 전화했다. 자신도 어느 곳에 있는지 모르기에 담당 경찰관을 바꿔 주었다. 그분에게 위치를 물어본 후 인간적인 호소를 한번 해 보았다.

"경찰관님, 외국인 노동자들 참 불쌍해요. 온 가족을 벌어먹이러 이곳에 오려면 1,000만 원 정도 빚을 지고 오는데 한 번만 용서해 주시면 안 되겠어요?"

이 말을 들은 경찰관이 물었다.

"거기가 어디세요?"

"여기는 교회입니다."

"알았어요. 그러면 이 사람 택시 태워 보내면 돼요?"

이 말을 듣는 순간 나도 깜짝 놀랄 수밖에 없었다. '어떻게 이럴 수가?' 속으로는 이렇게 생각하면서도 "네, 네, 부탁드립니다"라고 대답했다.

미라의 동생이 곧 돌아올 수 있게 되어 나는 밤늦은 시간에 외출하지 않고 편히 잘 수 있게 된 것을 기뻐하며 다시 옷을 갈아입었다. 그때 미라가 다시 전화를 했다. 동생이 잡힌 후 내게 전화로 부탁하고도 마음이 급해서 친구와 함께 우리 집으로 왔다는 것이다. 그를 맞으러 나가서 동생이 풀려났다고 하니 그는 믿을 수가 없다는 표정으로 동생에게 전화를 했다. 동생은 경찰관과 길에서 택시를 기다리고 있다고 알려 왔다. 놀란 미라가 그래도 못 믿기는지 경찰관을 바꿔 달라고 해 통화를 한 후 모든 일이 사실인 줄 알고 바닥에 무릎을 꿇고 내게 두 번이나 절을 하고는 돌아갔다. 그 일이 있은 그 다음 주일에 대부 짜린씽을 비롯한 그의 친척들이 대거 교회로 왔다.

시크교주와의 만남도 참 재미있는 추억이다. 인도에서는 머리에 터번을 두르면 자신이 시크교도임을 나타내는 것인데 한국에서 그런 모습을 하면 공장에서 받아주지 않기에 한국에 오기 전 터번을 벗어 놓고 온다. 한데 유일하게 터번을 쓰고 있는 인도 사람을 만났다. 하얀 수염까지 길러서 그야말로 교주의 위상을 보여 준 그는 평일에는 단추 공장에서 일하고 일요일에는 송우리에서 그들의 예배 집전을 맡고 있었다. 그와 같이 일하는 제시를 찾아가서 제시와 성경 공부를 하려는데 제시가 시크교주를 보고 마음에 큰 방해를 받을 수 있겠다는 걱정이 됐다.

그럼에도 나는 매주 그곳에 가서 교제를 나누고 조심스럽게 복음을 전하기 시작했다. 그러던 어느 날 그 교주가 나를 따라 나오면서 오늘 들은 내용에 큰 감동을 받아 나를 자신의 누이라고 부르고 싶다는 것이었다. 속으로 정말 놀랐다. 그 다음 주에는 요한복음 1장을 전부 읽었는데 시크교주는 제시보다도 더 진지하게 읽고 반응해 주었다. 그 다음 주에는 요일을 보면서 오늘쯤이면 권사님이 오지 않을까 생각했는데 정말로 왔다며 진심으로 기뻐하는 것이었다.

그러던 어느 주일날 예배를 드리기 전 교회 문 앞에서 외국인들을 맞이하고 있는데 터번을 두른 한 인도 사람이 교회를 향해 걸어오는 모습이 내 시야에 들어왔다. 할렐루야! 그는 저혈압으로 머리가 아픈 날이면 내게 기도해 줄 것을 먼저 요청한다. 하나님은 한 영혼을 사랑하며 진심으로 기도할 때 그 기도를 언제나 들어주신다.

"이르시되 무릇 사람이 할 수 없는 것을 하나님은 하실 수 있느니라"(눅 18:27).

말씀으로 배우는 기도 응답의 원리

끝까지 하나님을 신뢰할 수 있는 믿음의 원리

1. 믿음은 '들음'에서 난다. 하나님 말씀으로 '들음'을 다지지 않는 한 참믿음은 생기지 않는다.

   "그러므로 믿음은 들음에서 나며 들음은 그리스도의 말씀으로 말미암았느니라"(롬 10:17).

2. 삶 속에서 말씀을 읽고 묵상하고 순종하는 것을 최우선에 둔다.

   "내 눈을 열어서 주의 율법에서 놀라운 것을 보게 하소서 … 내가 날이 밝기 전에 부르짖으며 주의 말씀을 바랐사오며"(시119:18, 147).

3. 말씀을 마음 판에 새기며 날마다 실전에서의 훈련을 통해 믿음을 다진다.

   "육체의 연단은 약간의 유익이 있으나 경건은 범사에 유익하니 금생과 내생에 약속이 있느니라"(딤전 4:8).

4. 어려울 때는 지금까지 인도하신 것을 고백하며 믿음을 지킨다.

   "내가 옛날을 기억하고 주의 모든 행하신 것을 읊조리며 주의 손이 행하는 일을 생각하고"(시 143:5).

12장

사랑하는 법을
배웠습니다

—

너희는 내가 명하는 대로 행하면
곧 나의 친구라
(요 15:14)

예수님의 발자취를 따라가 보면 그분의 넘치는 사랑과 섬김에 머리
가 수그러진다. 3년 동안이나 예수님과 동고동락하며 그분이 행하
신 사랑과 기적을 지켜본 제자들은 막상 주님이 십자가에 못 박히
실 때 도망가 버렸다. 절대 예수님을 떠나지 않겠다고 장담했던 베
드로는 세 번이나 예수님을 모른다고 부인까지 했다. 그러나 예수
님은 이 제자들을 포기하거나 그들에게 실망하지 않으시고 부활하
신 후 손수 숯불구이 아침 식사를 차려 주셨다. 그 아침 식사는 기가
막히게 맛있을뿐더러 주님의 깊은 사랑을 다시 한번 느낄 시간이었
을 것이다.

"육지에 올라보니 숯불이 있는데 그 위에 생선이 놓였고 떡도 있
더라 예수께서 이르시되 지금 잡은 생선을 좀 가져오라 하시니 시
몬 베드로가 올라가서 그물을 육지에 끌어 올리니 가득히 찬 큰 물
고기가 백쉰세 마리라 이같이 많으나 그물이 찢어지지 아니하였더
라 예수께서 이르시되 와서 조반을 먹으라 하시니 제자들이 주님이
신 줄 아는 고로 당신이 누구냐 감히 묻는 자가 없더라"(요 21:9-12).

예수님이 차려 주신 아침 식사

하루는 필리핀의 제프리가 내게 호소했다. 이제 비자를 연장할 시간이 되었는데 사장님이 자기가 그 공장에서 더 이상 일하는 것을 원치 않아 다른 데 직업을 찾아야 하는 상황이라는 것이었다. 그래서 제프리에게 한국말을 써 주면서 "사장님, 죄송합니다. 앞으로 열심히 일하겠습니다"라고 말씀드리라고 가르쳐 주었다. 그러나 사장님은 일이 적어 야근이 없을 때 제프리가 야근 수당을 받아야 하는데 왜 이 공장에는 야근할 만큼 일이 없느냐고 불평한 적이 있어서 그를 더 이상 쓰지 않을 생각을 굳힌 상태였다.

풀이 죽은 제프리는 고용 센터에 가서 일을 찾아야겠다고 했다. 문제는 한국 법이 바뀌어 그렇게 다른 곳으로 옮겨 갈 경우 60일 전에 미리 센터에 신고해야 하는 것이었다. 며칠 있으면 비자가 만기 되는 제프리는 곧 한국을 떠나든지 불법 체류자가 되어 남든지 둘 중 하나를 선택해야 하는 심각한 상황이 되었다.

몇 년 전 제프리가 한국에 도착했을 때부터 그를 교회로 인도하고 형처럼 잘 돌보아 준 알렉스가 더 염려하며 내게 수시로 모든 것을 이야기해 주었다. 기도회에서 우리는 모두 제프리를 위해 기도했다. 기도를 마친 후 우리는 점심 식사를 하고 있는 공장으로 찾아갔다. 사장님은 공장에 자주 계시지 않아 전화로 약속을 잡아야 한다고 했다. 얼굴에 근심이 가득한 제프리를 붙잡고 같이 기도한 후 사장님 책상 위에 한 번만 더 배려해 주시기를 간곡히 호소하는 편지를 놓고 왔다. 미리 준비한 편지에는 사장님 입장에서 그런 외국인을 쓰고 싶지 않으실 마음을 충분히 이해하지만 더 큰 아량을 베풀어 주실 것을 부탁하는 말씀을 담았다.

하루가 지난 수요일, 제프리와 알렉스가 연락을 해 왔다. "기도의 능력이 얼마나 강력한지 사장님께서 이번 주 금요일에 같이 고용센터에 가서 비자도 연장해 주시고 공장에서 일을 더 할 수 있게 해 주셨어요." 그동안 잠도 못 자고 고민한 제프리를 걱정하던 알렉스는 "이제 제프리가 밤에 잠을 편히 잘 수 있게 되어서 너무나 하나님께 감사드리고 이런 아량을 베풀어 주신 사장님도 사업이 더 잘될 것입니다"라고 소식을 전해 주었다. 우리도 너무나 기뻤다.

하나님께서는 얼마나 우리를 사랑하시면 그 아들의 생명까지 우리를 위해서 내어 주시고 예수님은 십자가에 고난을 당하심으로 말과 혀가 아닌 행함과 진실함으로 행하는 사랑을 우리에게 보여 주셨다. 그리고 너무나 부족한 제자들을 찾아가셔서 아침 식사를 먼저 차려 먹여 주시고 "내 양을 먹이라"고 가르쳐 주셨다. 우리도 주의 복음을 전하기 위해서는 이런 순서를 따라가야 할 것이다.

부활 주일을 맞아 우리는 모두 즐거운 밤을 맞이했다. 몇 년 동안 교회에 참석했던 제프리는 이번 부활 주일에 기쁘고 자원하는 마음으로 세례를 받았다. 옆에서 지켜보던 필리핀의 람도 같이 세례를 받았고 일 년 넘게 교회에 출석하고 이번에 뇌종양 판정을 받아 겁을 먹고 울며 입원했던 노옥개 자매도 세례를 받았다.

주님의 119 대원

사고가 나서 어떤 환자가 생겼을 때 일반적으로 경찰과 119 대원이 동시에 현장으로 출동한다. 현장에서 경찰은 잘잘못을 가리지만 119 대원은 무조건 생명을 먼저 살리고 본다.

토요일 밤에 공장을 다니면서 외국인들을 만나고 전도를 하는 윤 권사님은 보통 오후 4시부터 밤 10시까지 전도한 후 늦은 밤에 귀가한다. 집에 돌아와 막 세수를 하고 나오자마자 캄보디아 형제 보타로부터 오토바이 사고가 나서 얼굴이 온통 피투성이가 되었다는 전화를 받았다. 급히 다시 공장으로 가서 보타를 태워 일산 병원 응급실에 가니 그의 상처는 성형외과에서 꿰매야 하는데 자신들은 성형외과가 없다고 해 백 병원으로 데리고 갔다.

윤 권사님은 함께 간 캄보디아 형제 두 명과 보타 옆에서 온밤을 지새우고 새벽 5시에 집에 돌아와 잠시 눈을 붙인 뒤 오전 예배를 드리러 교회에 왔다. 40대 후반부터 우리와 한마음으로 외국인 형제들을 섬기는 일을 시작해 어느새 환갑을 넘긴 권사님은 간밤에 있었던 일로도 119 대원이 되어 한 사람을 섬긴 기쁨에 얼굴이 반짝이고 피곤함을 비치지 않았다. 보타는 전날 밤 담배를 사러 가다가 사고를 당했다고 했다. 그런 탓에 보타가 "다신 담배 안 피울 거예요"라고 하더란다.

머리뼈가 부러지고 폐에 피가 흘러들어 사경을 헤맸던 데니는 소주를 마시고 비틀거리며 2층 숙소로 올라가다 뒤로 떨어진 경우였다. 외국인들 숙소를 컨테이너 위아래층으로 마련한 곳은 대부분 계단이 밖으로 나 있어서 잘못하면 술을 마시지 않고도 다치기 쉬운데 이들은 주말만 되면 가장 좋아하는 소주 파티를 연다. 전에는 이런 이야기를 우리 동역자들에게 전혀 하지 않았는데 시간이 흘러 그 사건이 온 가족을 전도하는 축복의 계기가 된 후에 그간 사정을 들려주면 다들 놀란다. 데니는 무슬림 나라인 인도네시아에서 자신의 아들을 한 그리스도인이 구해 준 것에 감격해서 온 가족과 함께 교회에 찾아갔다. 귀국한 후에도 그는 크리스마스 때가 되면 꼭 가족과 함께 국제전화로 감사 인사를 전해오곤 한다.

사람들은 우리의 사역을 보면서 "그 병원비는요?", "그래서 어떻게 해결했어요?"라고 많이 묻는다. 우리 선교회에서는 갑자기 환자가 발생했을 때 하나님께 "이 외국인을 치료해도 될까요?"라고 묻지 않는다. 모두 치료해 주는 것이 원칙이다. 우리는 주님이 항시 대기를 명령하신 119 대원이다.

보타의 병원비는 이렇게 준비해 주셨다. 보타가 사고 나기 며칠 전, 이곳에 몇 번 방문했던 미얀마의 망이 신학 공부를 마치고 귀국해야 하는데 비행기 푯값이 없어 지원 요청을 해 왔다. 금방 답변을 안 했더니 안타까운 하소연을 계속해서 우리는 그가 아파서 병원에 입원했다 생각하고 그가 갈 수 있도록 돕자고 결정했다. 그의 비행기 표를 사 주고 난 하루 뒤, 한 집사님이 추석을 맞아 특별 헌금을 보내왔다. 우리가 망을 위해 쓴 금액만큼이었다. 집사님께 이 이야기를 전했더니 "외국인들에게 송편을 먹인다며 보냈는데 늘 말씀하셨던 까마귀들 중 막내가 되었어요. 가슴이 뭉클하네요"라고 말했다.

까마귀가 물어다 준 떡과 고기는 늦은 밤 오토바이 사고를 당한 보타의 병원비가 되었다. 119 대원은 항상 대기하면서 주님이 가라고 하시는 그 어디든 달려간다. 주님은 이렇게 말씀하셨다. 우리가 주님의 친구가 되는 조건이다.

"너희는 내가 명하는 대로 행하면 곧 나의 친구라"(요 15:14).

이곳에서 사랑하는 법을 배웠습니다

캄보디아의 하이소밧은 우리 선교회의 학생으로 온 지 일 년 반이 지난 어느 날 이런 고백을 했다. "나는 홀리네이션스에 와서 사랑하는 법을 배웠습니다."

하이소밧은 한국에 온 지 이제 5년째에 접어든다. 여러 뛰어난 장점을 지니고 캄보디아 사람들의 리더 역할을 톡톡히 해내는 사랑스러운 주님의 제자다. 현재 숭실 대학에서 박사 과정을 밟고 있는 하이소밧은 하나님께서 특별히 사랑하시기에 학교에서 닦는 학문 외에 현장 실습을 철저히 시키셨다.

그가 처음 올 때 이제는 6살이 되는 딸 릭리와 아내 다리와 함께 왔다. 릭리의 동생 다윗이 몇 달 전 세상에 태어나면서부터 특별 훈련이 있었다. 다윗은 예정일보다 몇 주 먼저 태어나 체중이 2.5kg이 채 되지 않았다. 그리고 태어난 지 며칠 지나지 않아 황달이 심해져서 명지 병원 중환자실에 입원하게 되었다. 캄보디아에서 많은 사람들에게 하나님의 사랑을 전달해야 할 하이소밧은 다리와 다윗이 입원해 있는 어간에 하나님께서 직접 우리 안에서 행하시는 일을 지켜보았다.

다리가 몇 주 먼저 양수가 터져 입원하던 날 당시 일본에서 살고 있던 박미라 집사님의 지인이 우리 선교회에 헌금할 마음을 주셨다며 박 집사님께 선교회의 계좌번호를 물어 당일 아침 그의 병원비를 입금해 왔다. 물론 박 집사님도, 집사님의 지인도 우리 선교회에 이런 일이 생긴 줄은 전혀 모르는 상태였다. 이런 일이 있을 때마다 조지 뮬러의 고아원에 아침으로 먹을 빵이 배달돼 온 이야기가 떠오르곤 한다. 그렇게 다리의 병원비는 해결이 되었는데 중환자실에 있었던 다윗의 병원비가 문제였다. 그때 서신암 치과 선생님으로부터 도움의 손길이 뻗쳐졌다. 다윗이 입원해 있을 때는 서 선생님의 남편이 암 투병 중이었는데 남편의 병원비를 돕는다고 친구들이 돈을 모아 보내 주어 그 일부를 감사 헌금으로 낸 것이었다. 그 헌금이 다윗의 병원비가 되었다. 이런 경우에는 선교한답시고 뻔뻔스럽게 받기만 하지 않고 우리도 그쪽의 병원비를 함께 부담한다. 하나님께서는 형제가 동거함을 기뻐하신다. 서로 돕고 서로 손잡고 가는 것을 기뻐하신다.

2016년 1월 초에는 캄보디아의 형제 잔타가 무릎과 온몸에 염증이 심해서 무릎 수술을 받기 위해 한 달 넘게 입원해 있었다. 수술을 받고도 계속 한쪽 다리가 90도로 굽어지지 않아서 병원에서 한쪽 무릎을 재수술하겠다는 것을 우리는 병원에 수술을 일주일 뒤로 미루어 달라고 부탁하고 함께 기도했다. 하나님이 우리의 기도에 응답하셔서 며칠 후 잔타는 주사약도 다 떼 내고도 걸음을 제대로 걷게 되었다. 이를 본 하이소밧이 웃으며 너무나 신기하다고 놀라워했다. 하이소밧은 처음 입원해서 잔타가 전혀 움직이지 못할 때는 그의 병상 곁에 머물며 모든 섬김을 해 주었고, 한국어가 충분하지 않은 잔타를 위해 수시로 가서 통역을 해 주며 섬김의 모습을 보여 주었다. 혼자 대중교통을 이용해서 잔타를 찾아가 그를 격려하고 위로해 주는 하이소밧을 보고 우리는 감탄했다. 이런 사랑의 섬김을 훈련받고 앞으로 캄보디아에서 하나님의 사랑의 대사가 될 하이소밧에게 기대와 꿈을 품는다.

잔타를 위해 모금을 해 준 캄보디아 형제자매들의 이야기를 빠뜨릴 수 없다. 여느 때처럼 캄보디아 형제자매들과 주일 성경 공부를 하고 난 윤 권사님은 잔타를 위해 함께 기도하자고 권했다. 기도를 마친 후 이들은 경제적으로 빠듯함에도 한국에 오자마자 병들어 여유가 전혀 없을 잔타를 위해 병원비는 선교회에서 내더라도 따로 60만 원이 넘는 돈을 십시일반 모아 전달해 줬다. 너무나 아름다웠다. 그들에게 5만 원은 우리의 50만 원보다 더 큰 돈인데 서로 돕는 마음이 얼마나 예쁜지!

"보라 형제가 연합하여 동거함이 어찌 그리 선하고 아름다운고"(시 133:1).

우리는 모두 이곳에서 사랑을 배운다. 외국인 노동자들이 배운 하나님의 사랑은 그들이 각 나라로 돌아갔을 때 섬김으로 나타날 것이다. 우리가 배운 하나님의 사랑이 하나님의 일에 동참함에 얼마나 중요한 역할을 하는지 눈으로 직접 보고 있다.

13장

사랑이 담긴
끈기 있는
기도가 사람을
변화시킵니다

—

그리스도의 사랑이
우리를 강권하시는도다
(고후 5:14)

"그런즉 누구든지 그리스도 안에 있으면 새로운 피조물이라 이전 것은 지나갔으니 보라 새것이 되었도다"(고후 5:17).

'과연 사람은 변하는가?', '사람은 안 변해', '내가 얼마나 기도했는데'라며 위의 말씀에 의문을 품는 분들과 나누고 싶은 이야기가 있다. 새로운 사람을 보기 원한다면 복음 안에서 사랑이 듬뿍 담긴 손길을 베풀고 끈기 있는 기도를 드리라는 것이다. 그러면 최고의 기쁨을 맛볼 수가 있다.

사람들은 보통 자기와 비슷한 사람과 끼리끼리 교제를 하지만 나는 인종을 초월하고 상류층이나 중간층이나 빈민층, 지식층이나 지식 없는 사람들과 다양하게 교제해 보았다. 그중에서 내가 본 사람 중 최고로 욕 잘하고 성격도 무서워 아무도 다가가지 않는 사람이 있었다. 너무나 거칠기에 감히 근처에 갔다가는 무슨 봉변을 당할지 몰라 늘 피하는 사람이었다. 하지만 나는 "그리스도 안에" 들어가기만 하면 사람은 옛 성품을 벗고 새롭게 된다는 성경의 약속을 믿었다. 이 약속을 믿으니 내 행동에 '불도그' 기질이 장착됐다. 한

번 물고 늘어지면 절대 사람을 놓치지 않는 기질이다. 불도그 기질을 발휘해 끊임없이 이 사람에게 주님의 사랑을 전하자 그 무서운 두 눈이 부드러워지고 욕하던 입술이 성경 말씀을 전하는 입술이 되었다.

사람은 과연 변하는가?

하나님께서는 교도소에 수감된 두 명을 내 품에 안겨 주셨다. 교도소에서 사역한다는 비전을 가져 본 적이 없는데 하나님께서는 너무나 귀하고 사랑스런 아들을 안겨 주셨다. 처음 만난 날부터 이름을 새롭게 바꿔 불렀다. 형은 디모데이고 디모데가 전도한 동생은 요한이다. 디모데는 5년 전부터, 요한은 일 년 반 전부터 만나기 시작했다.

처음 디모데를 만났을 때 그는 광주 교도소에 있었고 나는 일산에 있었으며 나는 교도소에 관해 전혀 알지도 못하는 상태였다. 그런데 우리가 서로 어떻게 알게 됐을까? 하나님은 못하실 일이 전혀 없다. 2011년 광주 교도소에서 수감자들을 위한 체육대회를 했다. 그때 모자가 없는 수감자들은 너도나도 신문지로 고깔모자를 만들어 쓰고 교도소 운동장에 앉았다. 그중 한 사람이 만들어 쓴 모자에 '아름다운 세상'이라는 코너로 우리 선교회를 소개한 기사가 실려 있었다. 그 사람은 체육대회가 끝난 후 신문지 모자를 쓰레기통에 버렸다. 쓰레기통에 신문지가 산더미처럼 쌓였을 텐데 우연찮게 모자에 인쇄된 우리 기사가 디모데의 눈에 들어왔고 그는 모자를 집어들어 그 기사를 읽은 후 내게 편지를 보내왔다. 하나님께서는 이렇게 교도소 창살 너머로도 사람을 이어 주실 수 있는 분이시다. 이후 편지로 일주일에 두서너 번, 한 달에 한 번 1,000km 왕복으로 만나며 "그리스도 안"으로 들어온 옛사람은 새로운 사람이 되었다. 어떻게 새사람이 되었을까? 실제로 이렇게 변화된 모습을 보여 주었다.

디모데와 요한 둘 다 결손 가정에서 자라 학업을 제대로 잇지 못해 초등학교 졸업장밖에 없었다. 하지만 이들은 낮에는 노역을 하고 밤에는 10시면 소등해야 하는 환경 속에서도 둘 다 중고등학교 검정고시를 합격했다. 그러고 나서 디모데는 국문학과 학사 고시도 합격했다. 우리가 학사를 취득하려면 4년이 걸리는데 그는 열악한 환경에서 2년 만에 합격해 합격증을 선물로 보내왔다. 요한에게도 자신이 보던 책을 물려주며 공부하도록 격려해 요한 역시 2단계 시험을 다 합격하고 3단계 시험을 대비해 계속 공부하고 있는 중이다.

이뿐 아니라 교도소 안에서도 고아와 같은 형제들을 섬기는 것을 자신들이 해야 할 일이라 생각하고 노인들의 이불 빨래를 해 주고 약을 장기 복용하는 사람에게 약을 사 주며 내의나 신발이 없는 사람에게 필요한 것들을 사 주는 등 최선을 다해서 섬기는 일을 배워 가고 있다. 그동안 디모데는 성경 18독을 하고 요한은 성경 6독을 했다. 신약 성경의 많은 부분을 암송해 늘 말씀을 등불 삼으려 노력한다. 그러기에 광주 교도소에 방문하려면 하루 1,000km를 왕복해야 하지만 기쁨으로 한달음에 달려갈 수 있다.

나는 많은 분들이 사랑 받기를 원하던 평균적인 삶을 살다가 그리스도 안에 들어만 가면 '사랑 받기보다는 사랑하고 이해 받기보다는 이해하는' 새로운 삶을 살아가는 모습을 보았다. 우리는 먼저 사랑에 취해야 하고 그 사랑이 우리를 강권해야 끈기 있는 기도와 사랑이 담긴 손길로 승리할 수 있다.

"그리스도의 사랑이 우리를 강권하시는도다"(고후 5:14).

가족의 구원을 위한 기도는 가장 중요한 기도

하루는 남편이 "당신은 우리 집안에 참 큰일을 했어. 단 한 명도 예수 믿는 사람이 없던 집안인데 복음을 전해서 형님도 한국으로 귀국하신 지 2년이 넘었는데 신앙이 저렇게 돈독해진 걸 봐"라고 하는 것이다. 우리 시숙은 매 주일 우리 외국인 예배에 꼭 오셔서 정말 신앙이 많이 깊어지고 뜨거워지셨다.

아무리 전도해도 믿지 않고 기도해도 끄떡없다고 고민을 털어놓는 많은 분들, 다른 가족들이 믿지 않아서 어려움을 겪는 분들을 보면 남편은 이렇게 말한다. "살아 계신 하나님을 늘 느낄 수 있고 예수님을 믿고 사는 게 얼마나 좋은지를 보여 주는데 믿지 않을 사람이 어디 있어?" 이건 참으로 중요한 고백이다. 아무도 어려운 일에

봉착함 없이 인생 여정을 지나가지 않는다. 같은 어려운 상황에 처했어도 믿는 사람은 기도를 통해서 살아 계신 하나님의 손길을 나타낸다. 한두 번은 우연이라 생각하기 쉬워도 반복해서 살아 역사하시는 하나님의 손길을 목격하면 모두 주님 앞으로 오게 되어 있다. 우리가 하나님을 전적으로 신뢰하면서 기도를 끈기 있게 하지 못하기에 가족 전도에 실패하는 것이다. '기적'은 인간이 못할 때 하나님이 하시는 것을 보는 것이다. 우리가 단순하고 순수하게 믿을 때 '기적은 상식이 된다.'

처음 우리 부부가 만났을 때 정말 시댁에는 단 한 명도 예수님을 믿는 사람이 없었다. 그러나 삼대독자 외아들이셨던 시부모님도 예수님을 믿고 집사로 신앙생활을 하시다가 천국으로 가셨고 시조부모님도 복음을 받아들여 할머니께서는 우리 집에 계실 때 세례도 받으셨다.

전도 대상자들 중 가장 힘든 대상이 가족일 것 같다. 가족들 앞에서는 예수를 믿는 삶이 어떤 삶인지 일거수일투족이 적나라하게 드러나 보이기 때문이다. 이른바 '모태 신앙'으로 자라난 자녀들이 다 예수 믿는다고 생각하는 것도 참으로 큰 착각이다. 어릴 때부터 부모를 따라서 자연스럽게 교회 안으로는 들어오지만 예배는 전혀 드리지 않고 예배 시간 내내 휴대폰을 들여다보는 것이 주일마다 늘 보는 풍경이다. 우리가 자녀에게 신앙을 전수하려면 단순히 교회에 같이 간 것에 만족하지 않고 정말 주님과 동행하는 삶을 보여 주어야 한다.

남편은 같이 대학에 다니면서 만날 때마다 예수님 이야기를 듣고 결혼 전에 세례까지 받았지만 참믿음은 이후에 생겼다. 지난 인생 여정에서 사람으로는 도저히 어떻게 해볼 수 없는 많은 일들 가운데서 살아 계신 하나님을 목도하고, 모든 것이 오직 주의 은혜임을 깨달았기에 장로도 되었고 외국인 노동자들을 돕는 선교에도 기쁘게 후원해 함께 이 길을 간다.

미국 시민권을 가진 사람이 가족을 초청해서 오게 하는 것처럼 천국 시민권을 가진 사람이 한 명만 있어도 가족 모두를 천국으로 초청하게 되는 것이다. 복음을 전하지 못한다면 일생 동안 서로 다른 가치관으로 갈등하며 살아야 하는 것은 바로 내 몫이다.

자녀들 앞에서도 예수님을 따르는 삶이 가장 좋은 삶이라는 것을 보여 준다면 자녀들은 부모와 떨어져 살아도 스스로 신앙생활을 할 것이다. 단순히 예배에 함께 참석하는 수준을 넘어 자녀들이 아직 어렸을 때부터 기도를 달리하고 전심으로 말씀으로 교육해 보라.

"이르되 주 예수를 믿으라 그리하면 너와 네 집이 구원을 받으리라 하고"(행 16:31).

시숙은 특별히 형제간 중에서 남편과 절친했다. 그런데 결혼을 하고 나니 시숙은 울산, 창원에서 사시다가 영국으로 가서서 가까운 데서 산 적이 없다. 집안 행사나 특별한 일이 있어 만날 때마다 복음을 전해 교회에 다니기 시작했는데 너무나 놀랍게도 하나님께서는 영국에 사시던 형님 내외를 몇 년 전에 일산으로 이사 오게 하셨다.

시숙은 이제 성경을 4독을 했는데 이런 고백을 하였다. "무엇보다 감사한 것은 사랑하고 몹시 좋아하는 동생 내외가 하나님과 우리 이웃을 섬기는 진실한 모습을 보는 것이에요. 기쁘고 즐거워요. 또한 미약하나마 함께 참여할 수 있어서 더욱 감사하고요." 형님도 얼마 전에 이런 문자를 보내왔다. "동서 덕분에 하나님을 알게 돼서 고마워!" 매주 두 분이 예배를 드리면서 신앙생활을 잘하는 모습을 보는 것은 참 기쁜 일이다.

하나님께서는 불교회 신도 회장이었고 '예수' 이야기도 듣기 싫어하고 '예수쟁이'들은 더 싫어하던 고모도 옆 동으로 이사 오게 하셔서 고모 내외가 다 예수 믿게 하시고, 이제 80대 중반이 되어서 치매도 걸리셨는데 함께 기도하니 치매도 낫게 해 주셨다. 할렐루야!

믿고 있는지 질문해 보라

"하물며 하나님께서 그 밤낮 부르짖는 택하신 자들의 원한을 풀어 주지 아니하시겠느냐 그들에게 오래 참으시겠느냐 내가 너희에게 이르노니 속히 그 원한을 풀어 주시리라 그러나 인자가 올 때에 세상에서 믿음을 보겠느냐 하시니라"(눅 18:7-8).

우리 주님은 기도할 때 반드시 믿고 구하는 것은 다 받으리라고 하시면서 한편으로는 세상에서 이렇게 진심으로 믿는 믿음을 찾아 볼 수 있겠느냐고 물으셨다. 그렇다.

신학을 전공하고 박사 학위를 취득하기 위해 공부하는 미얀마의 탕 목사님께 하루는 내가 질문을 했다. "12월 방학 때 미얀마에 갔다 올 예정인데 탕 목사님의 티켓을 우리가 구입해 준다고 할 때 당연히 믿고 의심하지 않았지요?" 목사님은 당연히 믿었다고 고개를 끄덕였다. 한 가지 더 질문을 했다. 먼저 성경을 펴서 "나의 하나님이 그리스도 예수 안에서 영광 가운데 그 풍성한 대로 너희 모든 쓸 것을 채우시리라"(빌 4:19)라는 말씀을 읽게 하고 이를 믿느냐고 물었다. 그리고 이대로 믿는다면 미얀마에 있든 한국에 있든 아니면 다른 어떤 곳에 있든 무소부재하신 하나님께서 채우신다는데 무슨 걱정이 있겠느냐고 물었다.

수백 명의 외국인 환자들이 처음에는 걱정 근심으로 슬픈 얼굴을 하고 아픈 몸을 이끌고 홀리네이션스 선교회에 찾아왔다. 엄청난 병원비가 그들의 아픈 몸보다 그들을 더 걱정하게 만든 것이었다. 치료비가 몇 백만 원 드는 것은 보통이고 1,000만 원이 넘어가는 환자들도 꽤 있었다. 루스란 같은 암 환자의 경우 4,500만 원이 들었다고 이야기했다. 그는 단번에 병원비를 낸 것이 아니고 입퇴원을 반복했다.

그 가운데 어떤 외국인도 돈이 많아 보이지 않고 그저 검소하게 입고 있는 우리에게 "정말 돈 내 줄 거예요? 돈이 그만큼 있기나 한 거예요? 이번에는 병원비가 얼마쯤 나올지 알고 있나요?"라고 질문하지 않았다. 처음에는 근심에 싸여서 아버지 집을 찾아오지만 이곳에서 우리가 감당할 것이라는 한마디만 들으면 그대로 믿었다.

우리를 잘 알지 못하는 상태에서 찾아온 외국인 노동자들도 우리의 말을 믿는데 하나님께서 성경을 통해 그렇게 수많은 약속을 하셔도 우리는 그 약속을 못 믿고 마음속으로 이렇게 투덜댄다.

"전능자가 누구이기에 우리가 섬기며 우리가 그에게 기도한들 무슨 소용이 있으랴 하는구나"(욥 21:15).

한번은 서울신학 대학원에서 특강을 요청해서 갔는데 그날 교학과에서 우리가 외국인들을 위해 지불한 학비를 계산해서 학생들에게 보여 주며 우리 학교에 이렇게 많은 장학금을 보냈다며 발표해 나도 깜짝 놀랐다. 그런 계산을 해 본 적이 없기 때문이다. 사도 바울이 측량할 수 없는 그리스도의 풍성을 전하기 위해 이방인의 사도로 뽑혔다고 한 고백을 우리도 동일하게 할 수 있도록 하나님께서는 약속하셨다.

하나님께서 진심으로 믿는 믿음을 찾아볼 수 있겠냐고 하셨다. 금보다도 더 귀한 믿음은 반드시 하나님 말씀을 들음에서 나온다. 그리고 그 말씀을 단순하게 믿고 순종함에서 믿음은 뿌리가 박히고 터가 굳어진다. 누군가가 변화되길 바란다면 하나님을 알게 되고 새사람으로 거듭나길 바란다면 끈기 있게 기도해야 하고 그 기도를 들어 주시는 하나님을 진심으로 믿어야 할 것이다.

14장

함께하면
기도의 군사가
됩니다

—
그는 나의 형제요 함께 수고하고
함께 군사된 자요
너희 사자로 내가 쓸 것을 돕는 자라
(빌 2:25)

"또 네가 많은 증인 앞에서 내게 들은 바를 충성된 사람들에게 부탁하라 그들이 또 다른 사람들을 가르칠 수 있으리라"(딤후 2:2).

홀리네이션스 선교회는 2000년 11월부터 외국인 노동자 환자들을 치료해 주며 복음을 전했다. 이제 세월이 많이 지났다. 만약 무료 쉼터 운영과 의료 서비스만 하는 선교회였다면 지금쯤 해외에 많은 열매를 맺는 귀한 일은 하지 못했을지 모른다. 우리는 환자들을 치료해 주면서도 처음부터 그중 가능성이 있는 외국인 30명을 뽑아 신학 공부를 시켰다. 몽골의 마그나이와 나라 목사님 부부, 네팔의 슈랜드라 목사님과 메뉴카 부부, 중국의 김현길 목사님 부부, 러시아의 올가 전도사님, 파키스탄의 스테반 전도사님, 몽골의 졸라 전도사님, 네팔의 단카 전도사님, 중국의 김영훈 목사님 등이 우리의 지원으로 공부를 마친 후 활발하게 사역하고 있다. 한 사람을 공부시키는 데는 일 년에 등록금 2회와 기숙사비, 생활비 월 50만 원으로 연간 1,000만 원 정도가 필요했다.

우리나라에 처음 예수님을 전해 준 선교사님들의 묘지가 있는 양

화진은 내게 또 다른 선생님들이 계신 곳이다. 나는 바로 그 장소에서 그분들이 보여 준 하나님의 사랑으로 현재 우리나라에 와 있는 제3세계 외국인 중 최소 10명에게 공부를 시키겠다고 결심했다. 하나님께서 학생들을 즉시 보내신 덕분에 2년 내에 12명을 지원하게 되었고 이후로도 계속 늘어나 얼마 전 30번째 학생을 받았다.

자녀들은 부모 밑에서 자라는 동안 부모가 하는 것을 보고 그대로 따라한다. 이처럼 영적 자녀들도 이곳에서 신학 공부를 할 뿐 아니라 신앙 훈련도 받으며 선교회 동역자들의 모습을 본받는 것을 볼 때 너무나 자랑스럽다. 이곳에서 신학대학원 공부를 마치고 자국으로 돌아간 학생들은 다른 선교사님들과 달리 기도 편지에 "사역을 하는데 돈이 얼마 필요하니까 기도해 주십시오"라고 간접적으로라도 돈 이야기를 해 온 적이 없다. 우리가 최선을 다해서 지원하고 있지만 그들은 모두 하나님만을 바라보고 있다. 행복동의 주민들은 기쁘게 나누고 자국민이 아니면 할 수 없는 일들을 충성스럽게 하며 해외로 뻗어 나가고 있다.

요르단, 윤여호수아와 김사랑 선교사 부부

요르단에서 의사인 남편과 함께 의료 선교를 하는 김사랑 선교사님과 만나면서 나는 '선교사란 참으로 아름답구나'라는 느낌을 받았다.

대부분의 선교사들이 기도 편지에 "무엇을 진행하려면 얼마가 필요하니 기도해 주십시오"라고 써 보낸다. 하지만 김사랑 선교사님은 진정한 하나님의 사람이었고 성령의 생각을 따라 걸어가는 분이었다. 우리가 각각 요르단과 한국에 떨어져 살기에 얼굴과 얼굴을 대하기는 손을 꼽을 정도지만, 만날 때마다 늘 기쁘고 반가움을 금치 못한다.

남편인 윤여호수아 선교사님이 의료 선교하는 곳은 요르단에서도 난민들이 많이 거주하는 시리아 국경선 근처에 있었다. 이곳에서 사역하는 14년 동안 두 아들이 어렸을 때는 보낼 만한 마땅한 학교가 없어 홈스쿨링으로 공부하게 했다. 고등학생 때는 살던 데서 60km 떨어진 학교로 통학했는데 하나님께서는 이런 환경에서도 이들이 믿음의 자녀로 잘 성장하도록 지켜 주셨다. 처음에는 주변에 펼쳐진 사막이 지겹고 싫다고 했는데 이제는 미국에서 공부하면서 어렸을 때부터 익힌 아랍어로 아랍권 사람들과 교제하며 하나님의 자녀다운 모습으로 살아가고 있다.

김 선교사님이 2006년에 목사 안수식을 하러 한국에 왔을 때 우리는 처음 만났다. 둘 다 선교하는 입장이지만 나는 한국에서 사역하고 선교사님은 요르단에서 하고 있으니 선교사님이 훨씬 더 힘든 상황이었을 텐데 우리가 헤어지고 난 며칠 후 우리 선교회로 100만 원의 선교 헌금을 보내 왔다. 나는 너무나 놀랐다. 선교사들은 보통 자신들의 어려운 이야기만 하고 재정을 나눈다는 것은 상상도 못하는데 더 편하게 한국에서 사역하고 있는 우리에게 헌금을 보내다니…. 후에 선교사님이 목사 안수식 때 받은 축하금 전부를 주셨다는 이야기를 들었다. 헤아리지 않고 거저 받았으니 거저 주라는 말씀 그대로 사는 분이었던 것이다.

하나님께서 선교사님에게 그런 마음을 주신 것은 선교사님을 힘들게 하려는 것이 아니라 나중에 후하고 넘치게 안겨 주고 싶으셨기 때문이다. 나는 즉시 이자를 좀 붙여서 선교사님에게 헌금을 보내 드렸고 우리는 그 후 10년이 넘도록 서로를 돕는 사이가 되었다. 서로 기도로 돕고 물질을 나누는 것이 참으로 하나님께서 원하시는 일임을 우리는 배우고 있다.

김 선교사님과는 또 다른 에피소드가 있다. 지난 7월 요르단에서 선교하던 김 선교사님이 귀국해서 반년간 안식년을 가지려 한다는 연락을 받았다. 바쁜 일정을 쪼개 시간을 낸 선교사님과 만났을 때 선교사님은 방에 문이 없어 출입구를 담요로 막고 너무나 열악하게 겨울을 나는 시리아 난민들을 위해 작년 홀리에서 전해 드린 헌금으로 매트리스를 마련한 것을 보여 주었다. 그들에게 아랍어로 복음을 전하고 양육하는 그 귀한 시간을 주님께서는 얼마나 기뻐하실까 생각했다.

헤어질 시간에 선교사님은 홀리에 헌금을 해 주었다. 항상 우리를 놀라게 하는 선교사님은 우리가 해외에 지출해야 하는데 부족한 나머지 액수만큼을 마치 정확하게 알기라도 했던 것처럼 내주었다. 나중에 어떻게 그렇게 할 수 있었느냐고 물으니 7월부터 돈을 모았고 일정 액수가 다 채워지기까지 기다렸다고 한다. 우리가 그때 진행했던 일의 사정을 듣고 난 선교사님도 자신의 이야기를 들려주었다. 사실 주님이 말씀하신 액수를 다 모으진 못했는데 나를 만나기 이틀 전 많은 액수의 헌금이 들어와 함께 모아서 헌금할 수 있었다는 것이다. 선교사님은 주님이 하신 일에 놀라며 자신을 주님의 통로로 사용해 주심에 감사드렸다.

주님은 10일 후 김 선교사님이 주신 헌금에 50만 원을 더해 사랑의 빚을 갚을 수 있도록 인도하셨다. 우리가 서로 도와가며 선교하기를 원하시는 것을 체험할 수 있었다. 만약 우리가 처음 만났을 때부터 후원 계좌번호를 서로 주고받으며 기도 편지를 전했다면 이렇게 10년이 넘도록 서로를 돕는 관계가 이어지지 않았을 것이다.

러시아, 올가 전도사

지금은 러시아 카잔으로 돌아간 올가 전도사님은 정말 귀한 하나님의 종이었다. 사역비를 받으면 그 돈으로 북한을 돕고, 앞서 소개한 것처럼 네팔이 지진을 당했을 때는 사역비 전액으로 네팔 난민들을 도운 러시아의 올가 전도사님이 너무나 자랑스럽다.

올가 전도사님은 한 달에 한 번씩 대전 교도소에 수감된 외국인을 찾아갔다. 가서 적은 돈이나마 용돈을 나누어 주었다. 비행기 대신 속초로 배를 타러 가는 러시아 사람들의 길 안내를 맡는 것도 수시로 있는 일이었다.

올가가 처음부터 우리 초청 학생으로 온 것은 아니었다. 전에 다른 곳에서 후원을 받다가 나중에는 우리가 전액 지원하는 학생이 되어 이곳에서 졸업도 했다.

각 나라를 향해 하나님이 일하시는 방법은 조금씩 달랐다. 맨 처음에는 우리 선교회에 러시아 사람들이 별로 없었는데 올가 전도사님이 온 후로 큰 부흥을 맞았다. 올가 전도사님을 통해 러시아인 환자들이 차츰 오게 되었고 그들, 특히 중환자나 희귀병을 장기간 앓은 사람을 섬기면서 러시아 사람들이 주님에게 조금씩 눈이 떠졌다.

올가 전도사님이 우리 선교회에서 학생으로 공부를 마치고 좋은 모범을 보인 것은 참으로 축복이다. 귀국 후에도 후원을 하겠다고 계좌번호를 가르쳐 달라 해도 이곳에서 공부하느라고 후원을 받았는데 돌아가서도 계속 받는 것은 옳지 않다고, 오직 하나님만을 의지하며 사역하겠다고 절대 가르쳐 주지 않았다. 그런 가운데서도 올가 전도사님에게 후원이 필요할 때면 하나님께서는 러시아로 출장 가는 사람을 통해 전하게 하셨다. 무슬림들이 많이 사는 카잔이라는 지역에 올가와 그 남편 이노르 전도사님이 함께 교회를 세울 때에도 후원금을 모금하지 않았고 한 사람의 헌신으로 이루었다. 까마귀를 통해서 먹이시듯 건축비가 전달된 것이다. 올가의 따뜻한 마음씨와 총명함, 주를 향한 열정은 많은 러시아 사람들을 주 앞으로 이끄는 데 쓰임 받았다.

그 후 엘자 전도사님이 카자흐스탄에서 와서 올가 전도사님이 하던 일을 맡아 어린 싹들이 자라서 성숙한 신앙으로 열매 맺는 것을 보게 되었다. 많은 사람들이 술을 끊고 그중 세 명이 토요일 새벽 6시 성경 공부에 참석했으며 경건한 생활로 돌아섰다.

중국 하얼빈, 김영훈 목사

우리 선교회가 처음 시작하자마자 선교회의 가족이 되어 일 년 후 세례를 받았던 김영훈 형제는 2016년 7월에 목사 안수를 받았다. 김 목사님은 중국 하얼빈에서 중국 한족을 위한 신학교에 한국 목사님들이 오셔서 강의하면 통역을 담당하고 한국어 책을 중국어로 번역하고 교회를 세워 중국인들을 위한 목회를 하고 있다.

처음 만난 김 목사님은 당시에 38세의 젊은 가장으로 가족을 부양할 돈을 벌기 위해 한국의 공장으로 일하러 온 상태였다. 연수생으로 온 다른 조선족들은 오자마자 월급을 더 많이 주는 다른 공장을 찾아 도망가는 것이 보통이었다. 지금은 조선족에게는 비자를 잘 주지만 그때는 모두 불법이어서 한국에서 돈을 벌기 위해 최선을 다한 것이었다. 김 목사님은 같은 조선족 박만봉 형제와 같은 공장에서 일했고 다른 공장으로 도망치지도 않았다.

처음 이 두 형제가 교회를 오갈 때 남편이 늘 차로 데려다 주었다. 남편이 중국반을 담당하고 처음 맡은 형제들이라 극진한 사랑을 보였다. 나는 복음을 사모해 열심히 교회에 출석하는 이 두 형제와 다른 노동자들을 위해 주중에 성경 공부를 시작했다.

외국인 노동자들과 성경 공부를 하려고 하니 점심시간 한 시간은 점심을 먹고 잠시 쉬어야 하고 저녁에 일을 마치고 나면 어떤 때는 야간작업을 해야 하기에 시간을 일정하게 정할 수가 없었다. 우리는 새벽 6시에 공부를 하기로 정했다. 몇 공장에서 공부를 해서 오늘은 이 공장, 내일은 저 공장의 숙소로 찾아가 성경 공부를 했다.

존 웨슬리는 회심한 사람들을 양육하지 않으면 금방 사그라지고 잘 양육할 수 있는 훈련이 되지 않은 사람이 양육하는 것은 마치 아기를 전혀 키워 보지 않은 문외한에게 아기를 맡기는 것과 같다고 이야기했다. 예수님께서 많은 회중에게 오병이어의 기적도 베푸시고 산상수훈도 전하신 가운데 12명을 가려 뽑아 양육하셨다. 그 12명이 후에 세계를 뒤집어 놓은 것을 보면 제자 양육은 너무나 중요하다.

"그리스도 안에서 일만 스승이 있으되 아버지는 많지 아니하니 그리스도 예수 안에서 내가 복음으로써 너희를 낳았음이라"(고전 4:15).

"우리는 그리스도의 사도로서 마땅히 권위를 주장할 수 있으나 도리어 너희 가운데서 유순한 자가 되어 유모가 자기 자녀를 기름과 같이 하였으니 우리가 이같이 너희를 사모하여 하나님의 복음뿐 아니라 우리의 목숨까지도 너희에게 주기를 기뻐함은 너희가 우리의 사랑하는 자 됨이라"(살전 2:7-8).

일만 스승만 되어서는 하나님의 군사를 키울 수 없다. 복음을 통하여 해산하는 수고를 거친 사랑의 관계를 맺을 때 비로소 우리는 그리스도의 군사를 키울 수가 있다. 자녀는 하루아침에 성인이 되지 않는다. 그리고 각자 개성이 너무나 다르다는 것을 알고 인정하지 못하면 우리는 군사를 기대하지 못한다.

"나의 자녀들아 너희 속에 그리스도의 형상을 이루기까지 다시 너희를 위하여 해산하는 수고를 하노니"(갈 4:19).

이 말씀은 참으로 우리에게 격려가 된다. 잘 자라나는 것 같다가 곁길로 갈 때 우리는 다시 해산하는 수고를 거쳐야 군사를 기를 수 있다. 이런 과정이 없는 그리스도의 제자는 없다.

예수님께서 키우신 열두 제자는 예수님이 십자가에 달리실 때 도망갔다. 베드로는 아예 예수님을 세 번이나 부인했다. 그러나 예수님은 부활하신 후 이들을 찾아가서 "성령을 받으라" 하셨고 조반으로 생선구이도 준비하셨다. 이 사랑을 우리가 전할 때 진정한 주님의 증인들이 굳건하게 서 갈 것이다.

김 목사님은 "권사님, 목사 안수를 받으면서 하나님께 모든 영광을 돌려 드립니다. 저를 위해서 기도해 주시고 물심양면으로 도와주신 홀리 가족들에게 감사와 사랑을 전해드립니다"라고 사랑을 전했다. 이런 열매를 보면 이 길을 걸어온 것이 얼마나 행복한지!

한 사람의 군사를 키우는 데도 그의 신앙의 집을 오랫동안 잘 다져 세워야 또 다음 군사를 키울 수 있고 이렇게 신앙은 세계로 전파

된다. 우리는 김 목사님이 자국으로 떠난 후에도 수시로 신앙 안에서 교제를 이어 가고 있다. 우리는 같이 기도 제목을 나누고 늘 한마음으로 위를 바라보며 걸어간다.

몽골, 마그나이와 나라 목사 부부

마그나이와 나라 목사님 부부를 보면서 우리는 그들에게 예수를 믿어 신분 변화라는 특별한 축복이 임하고 하나님의 나라가 놀랍게 확장되는 것을 보았다. 마그나이 목사님 부부와 같은 공장에서 일했던 한 외국인은 아직도 다른 공장에서 일을 하고 있다. 그도 처음 선교회가 시작할 때부터 교회에 나왔지만 자국의 특수 상황 때문에 세례 받는 것을 지금까지 주저하며 받지 않고 있다. 나라 목사님은 처음에 그 외국인이 아파서 수술하고 입원하는 과정에서 우리를 알게 됐다. 그때만 해도 선교회에서 치료해 주는 것을 보기만 했는데 나중에 자신이 아플 때 윤 권사님과 함께 병원에 다니게 되자 서서히 복음에 관심을 가지며 복음을 듣게 됐다. 처음에는 한국어도 모르고 영어도 모르기에 교회에 나와도 무슨 말인지 못 알아듣다가 진짜 예수님을 개인적으로 만나게 됐다. 남편도 같이 예수를 믿고 부부가 신학까지 하게 되어 석사 과정을 마쳤다. 방학 기간을 이용해 몽골에 한 달 다녀오면서도 가족들에게 예수님을 전해 가족들 모두 진실한 그리스도인이 되었다.

사랑의궁정 교회는 몽골에서도 홀리의 기본 정신을 따라 사역하고 있다. 몽골과학기술대학교의 교환 학생으로 온 다시카는 지난 2월부터, 광운대학교 교환 학생으로 온 더기는 이번 9월부터 이곳 쉼터에 와서 학교에 다니고 있다. 앞에서도 약간 소개한 티므로 청년의 일화는 몽골 청년들에게 많은 믿음의 도전을 주었다. 국내외 큰 지출을 25일에 다 마쳤는데 나라 목사님으로부터 26일 오후에 문자가 왔다. 의과 대학에 합격해 입학할 날만 기다리던 티므로가 돌연 학교에 갈 수 없게 됐다는 것이었다. 나라 목사님은 내게 초등학교 6학년 때부터 새벽 기도에 빠지지 않았던 티므로 학생이 고3이 되자 복지 제단에서 그를 의과대생으로 추천하면 후원하겠다는 의사를 보였다. 티므로는 열심히 공부했고 의과대에 합격해 우리 모두를 기쁘게 해 주었다. 그런데 복지 재단에서는 아무런 소식이 없다가 갑자기 지원할 수 없게 됐다고 통보해 왔다. 곧 학교가 개학하고 등록금 입금 마감일도 닥쳐오는데 도저히 방법이 없었다. 티므로는 일 년 일을 해 등록금을 벌어서 공부하겠다고 했지만 의과 대학이라 그런지 몽골 학비인데도 꽤 많은 돈이 필요했다.

　우리는 티므로를 위해서 은행 마감 전에 부랴부랴 송금했다. 학교에 못 가게 됐다고 속상해했던 티므로는 기쁨을 주체할 수 없었다. 우리는 하나님이 하시는 일에 쓰임 받아서 기뻤다. 나라 목사님은 이렇게 고백했다. "교회 청년들이 티므로의 일을 다 알고 있는데 이렇게 응답 받은 것을 보면 더욱 도전 받아 열심히 주님을 따르고 기도할 것입니다.”

　오후 3시쯤 문자를 받고 바로 은행에 가서 송금했는데 마침 서머
타임으로 한국과 시간이 같았던 몽골의 은행이 6시까지 열려 있어
2시간 후 도착한 돈을 나라 목사님과 티므로가 함께 찾아 등록금을
해결할 수 있었다. 할렐루야! 우리가 보낸 돈이 학비를 하고도 남아
서 이가 많이 아픈 티므로의 치과 진료까지 해 줄 수 있었다고 나라
목사님은 기뻐했다.

　주님께서 우리 기도에 귀를 기울이신다는 것은 어떤 추상적인 환
상이 아니라 현실에서 실제로 일어난 일로 증명된다. 우리 동역자
들은 주님이 이같이 세계 열방을 향하여 일하시기에 한눈을 팔거나
다른 것을 생각할 틈이 없다고 고백했다.

　홀리에서처럼 사랑의궁정 교회에서도 아픈 사람들을 치료해 주
는데 이곳에서도 동일하게 역사하시는 하나님을 본다. 나라 목사님
이 보내온 간증이다.

　“마마, 우리가 신학생으로 공부할 때 소망과 믿음으로 우리를 바
라보신 마마가 참 대단해요. 저는 어제 살아 계신 하나님을 다시 경
험했어요. 우리 교회 학생 두 명을 병원에 데리고 다닌 지 두 달이
됐어요. 귀하고 목이 아픈데 수술을 받아야 한다는 진단을 받았어
요. 아이들 가정은 수술을 시켜 줄 형편이 아니고 어려워요. 한 아이
는 아빠가 술을 많이 마시는 사람인데 그 아이가 부모님한테 상처
를 많이 받았어요. 마그나이 목사님하고 제가 수술해 주려고 생각

하고 있었는데 하나님께서 감당해 주셨어요.

어제 그 두 아이들과 같이 병원에 갔는데 의사가 자기 돈으로 수술해 준다고 했어요. 제가 아는 사람이 아닙니다. 몇 번 아이들을 데리고 가서 치료를 받았는데 하나님께서 역사하시니까 그렇게 감동을 시켜 주더라고요. 늘 살아 계시고 역사하시는 하나님이 함께 해 주셔서 너무 감사해요. 마마가 늘 말씀하신 것처럼 하나님께서 직접 일을 행하시면 사역이 늘 즐겁다는 그 맛을 보고 있어요. 마마가 이 세상에는 불경기가 있지만 하나님 나라에는 불경기가 없다고 하셨죠. 감사하고 감사해요."

네팔, 슈랜드라 목사와 메뉴카 부부

네팔의 슈랜드라 목사님은 한국에서 6년 동안 서울신학 대학원에서 석사 과정과 Th.M 과정을 마쳤고 아내 메뉴카는 2년 반 만에 상담학 석사 과정을 마쳤다. 게다가 메뉴카가 자신의 친척들을 모두 전도하고 슈랜드라 목사님도 가족들을 전도했다.

슈랜드라 목사님이 세운 임마누엘 교회는 세 군데의 지교회를 더 세웠다. 목사님으로 인해 네 군데 교회가 세워진 셈이다. 제일 먼저 세운 임마누엘 교회에서 교인이 100명 모이고, 다른 세 군데에서도 합해 100여 명이 모인다. 모두 목사님이 6년 동안 맺은 결실이다. 현지인을 길러 그곳에서 사역하게 하는 것이 얼마나 효과적인지를 증명한 분이다. 한국인 선교사가 가서 그 시간에 어찌 그런 열매를 맺을 수 있겠는가!

한 사람이 예수를 진정으로 믿으면 그는 하늘나라의 시민이 되고, 사람들은 하늘나라의 시민권이 있는 사람을 보면 그 놀라운 빛의 나라에 저절로 들어오고 싶어진다. 주님의 사랑은 이 두 부부의 마음을 따뜻하게 녹여 주었다. 메뉴카가 처음 한국에 올 때도 놀라운 기적으로 학생 비자를 받아 왔다. 메뉴카는 밝게 웃는 예쁜 모습으로 변했다. 남편을 확실히 돕는 내조자이면서 사랑으로 영혼들을 보듬는 사랑의 사람이 되었다. 두 부부는 교회의 한 층을 우리 쉼터처럼 고등학생 3명과 초등학생을 지방에서 데려다가 장학금 전액을 대며 공부시키고 있다.

네팔에 갔을 때 교회에 방 하나를 마련해 시골에서 올라온 학생들에게 장학금을 지급하며 선교회의 쉼터처럼 운영하고 있는 슈랜드라 목사님 내외를 보곤 너무나 기뻤다. 이곳에서 우리가 두 부부의 결혼식을 해 준 것같이 네팔에서도 여러 젊은 부부의 결혼식에 모든 비용을 지원해 준 것을 보았다. 설사 돈이 준비되어 있다고 해도 사람을 키워 놓지 않으면 어떤 일도 그 나라에서 할 수가 없는데 하나님의 군사로 준비된 슈랜드라와 메뉴카를 보면 복음의 위대함을 찬양하지 않을 수 없다.

2015년 네팔에 지진이 났을 때 우리는 얼마나 놀랐는지 모른다. 그곳에 지은 교회 건물이 무너졌을까 걱정한 것이 아니라 사랑으로 키운 슈랜드라 목사님 부부에게 무슨 일이 생겼을까 가장 걱정됐다. 하지만 하나님께서는 이 부부를 잘 지켜 주셨고 우리는 지진 이후 텐트를 치고 같이 먹고 자는 전 교인들의 어려움을 해결하기 위해 즉시 송금했다. 곧 40개의 방이 있는 건물이 지어져 집을 잃은 가족들이 거주할 수 있게 되었다.

수많은 가족들에게 집을 지어 주어 그들에게 사랑의 택배원이 되었던 슈랜드라 목사님 부부는 현재 딸이 두 명 있는데 두 명을 더 데려다가 키운 이야기를 전해 왔다.

"더 많이 섬길 수 있도록 보내 주신 헌금을 가지고 저희는 11년 만에 처음으로 메뉴카가 태어난 곳에 일주일간 방문했습니다. 그곳은 아주 험한 시골이어서 길도 아주 위험했습니다. 우리가 조심해서 걷지 않으면 쉽게 넘어지고 죽을 수도 있는 위험한 길입니다(일전에 네팔 카트만두에 갔을 때 신호등도 없이 도로 한복판을 질주하는 오토바이 물결에 길을 가려면 항상 겁이 났던 것을 떠올리면 슈랜드라 목사님이 시골길을 죽을 수도 있는 위험한 길이라 표현한 것이 이해가 간다).

그곳은 모든 것이 신선하고 순수하고 자연 그대로였습니다. 그러나 네팔은 인도가 2개월 전부터 국경을 봉쇄해 여러 가지 고통을 겪었습니다. 연료도 없고 식료품과 약품이 절대 부족하고 학교는 거의 문을 닫은 상태입니다. 우리 네팔 사람들은 모두 이러한 결핍과 불확실함 가운데 지쳐 있었습니다.

그럼에도 우리가 메뉴카 고향을 방문했을 때, 그곳 사람들은 우리를 아주 기쁘게 맞이했습니다. 우리도 하나님의 사랑과 축복을 나누어 줄 수 있었습니다. 하나님은 그분의 아름다운 창조물과 친절하고 따뜻한 사람들을 통하여 우리의 원기를 회복시켜 주셨습니다.

또한 하나님은 우리에게 여자아이 한 명을 우리의 자녀로 데려오게 하셨습니다. 이 아이의 아버지는 알코올 중독일 뿐만 아니라 밖에서 다른 여인과 살림을 차렸기에 엄마 혼자서 모든 필요를 감당할 수 없었습니다. 아이 이름은 미첼이고 금년에 9살입니다. 또 한아이는 다른 가정의 아이인데 4개월 후에 올 것입니다. 지금 저희는 딸 세 명이 있습니다. 다른 한 명이 또 오면 딸이 네 명이 될 것입니다. 하나님께 모든 영광을 돌려 드립니다. 감사합니다."

슈랜드라 목사님은 처음에 우리 교회 초청 학생이 아니었는데 하나님의 인도하심으로 오게 된 사연이 있다. 목사님은 2005년에 서울신학 대학 학생으로 한국에 와서 기숙사에서 거주했는데 방학 동안 기숙사를 수리하게 되었다. 모든 학생들이 수리하는 동안 기숙사를 떠나야 했는데 갈 데가 없었다. 같은 교회에서 온 학생들과 전도사님들은 그런 사정을 잘 알고 대처했지만 그를 도와주던 교회에서는 그에게 전혀 관심을 보여 주지 않았다. 그때 기숙사에서 같은 방을 쓰고 있던 중국의 김영훈 목사님이 홀리네이션스 선교회에 가자고 권유했다. 그곳에서 겨울 재킷도 주고 당분간 지낼 방도 제공한다고 했다. 거기 쉼터 냉장고에는 소고기와 닭고기가 채워져 있고 주방에는 계란이 쌓여 있다고도 했다.

목사님은 먼젓번 교회에서 자신을 돌보아 주지 않아 축복된 장소로 향한 새로운 문이 열렸기에 오히려 먼젓번 교회에 고마운 마음이 생겼다. 무엇보다 홀리로 인도하시길 계획하신 주님께 감사를 드린다고 했다. 목사님이 한국에 온 초기부터 주님은 전혀 생각지도 못한 운명으로 바꾸셨다.

졸업 후 많은 친구들이 왜 가난과 기근 그리고 희망이 없는 나라로 다시 돌아가려고 하느냐고 두 부부를 갈등하게 만들었다. 그리스도인 친구들조차 희망 없는 얘기를 해 주었다. 그러나 주님은 주님의 마음을 그들에게 부어 주셨다. 다른 사람들이라면 미국 유학도 생각해 보았겠지만 이 부부는 사랑의 통로가 되기 위해 네팔로 돌아갔다.

네팔에 대지진이 일어난 후 사람들이 먹을 양식을 구할 수 없어 아주 비참한 생활을 했다. 예수님의 제자로서 그리고 책임 있는 시민으로서 비참하고 고통스런 상태에 빠진 조국을 돕는 것이 그리스도인의 의무였다. 슈랜드라 목사님은 20명의 희생자 어린이들에게 교육을 시키고 있으며 메뉴카는 7명의 여자들에게는 재봉일을 할 수 있도록 훈련하고 있다.

영국, 고석만 선교사와 백경아 목사 부부

처음 선교회가 시작된 지 일 년 후부터 동역했던 고석만 선교사님과 백경아 목사님 부부는 2년간 함께 사역하고 전적으로 선교사의 길을 가게 되었다. 원래는 유럽에서 증가 일로에 있는 무슬림을 염두에 두고 런던으로 간 두 분은 현장을 다니며 사역을 추진하던 중 예기치 않게 조선족 동포들과 자주 마주치게 되었다. 영국에 조선족이 있는지조차 몰랐는데, 하나님께서 방향을 바꾸신 것으로 믿고 일단 나아갔다. 그리하여 조선족을 섬기기 된 두 분 선교사님은 아픈 이들이 있으면 아무 때든 병원으로 데려가고, 영어가 부족해 도움이 필요한 이들을 위해 통역과 서류 작성 등의 일을 도와주었다. 주중에는 생활영어를 가르치기도 했는데 물론 다 무료 봉사였다. 주일에는 사람들을 모아 컴퓨터와 영어 교습을 했고, 짧은 시간이나마 함께 예배하며 예수님과 복음을 전했다. 하나님께서는 교습과 예배를 위해 한인 교회로부터 자원봉사자들을 보내 주셨고, 그중 어떤 사업가는 장소를 무료로 제공해 주었다. 그러다 보니 정식 교회의 필요성을 느끼게 되어 봉사자들을 설득하고 조선족의 합의를 이끌어 내 2006년 초 런던조선족교회를 세우기에 이르렀다(2010년에는 이름을 런던한민족교회[London One Nation Church]로 바꾸었다). 교회는 기존의 봉사를 계속하면서 예배를 강화하고 성경 공부 및 훈련에 많은 역량을 투입하였다. 무엇보다 믿음으로써 사람을 든든히 세우고 키우는 것이 긴요하다고 보았기 때문이다.

홀리네이션스 선교회에서 배운 대로 두 선교사님은 하나님에게만 전적으로 의뢰하는 것과 재정을 투명하게 유지하는 것을 조선족 사역과 가족생활의 기본으로 삼았다. 특히 돈에 민감하고 배경이 달라 의구심을 품기 쉬운 많은 조선족 동포들이 신앙을 받아들이도록 하는 좋은 방법은, 두 선교사의 필요를 하나님이 직접 챙기고 공급하신다는 것을 실제로 보여 주며 두 분 스스로 진실한 청지기로 사는 것이라 판단한 것이다.

적지 않은 사역자들이 생계와 사역에서 재정으로 고민하고 사람에게 다가가며 모금하려 애쓰는 것을 간혹 본다. 이로 인해 여러 가지 부작용도 발생하는 것 같다. 더욱이 런던은 세계에서 물가가 높기로 손꼽히는 곳인데 이런 가운데서 하나님은 당신만 바라라 하셨고, 사역에서 내내 자비롭고 신실하며 능하셨다. 이로써 두 분은 하나님의 살아 계심과 역사하심을 교회와 세상 앞에서 자신 있게 증언할 수 있었으며, 아무에게든 당당하게 나아가는 은혜를 입고 있다.

영국의 조선족은 어쩌면 소외된 사람들이라 할 수 있다. 우리와 동족이기는 하지만 완전한 한국인도 아니요 완전한 중국인도 아니요 영국인은 더더구나 아닌 사람들. 게다가 객지의 외롭고 열악한 처지에서 어렵고 고단한 일을 하며, 때로 병으로 쓰러지거나 억울한 경우를 당하는 사람들. 이들에게서 두 분은 일산의 홀리네이션스 선교회에서 만났던 숱한 외국인 노동자들의 모습을 보았기에 이들에게 쉼과 위로가 있어야 하고, 실질적인 친구가 필요하고, 궁극적으로 구주 예수님이 절실함을 감지했다. 결국 떡과 복음이 함께 가야 하는 것이다. 예수님도 먼저 오병이어의 기적을 통해 먹이시고 영원한 생수의 복음을 전하셨기 때문이다.

조선족 사역은 또 다른 사역들의 기초가 되었는데 그 하나는 런던한민족교회가 북한에 있는 동포들을 돕는 일이다. 특히 의식주에 관련한 도움을 주는데 많은 조선족의 뿌리가 북한 땅에 있기 때문에 교회 내에서 쉽게 공감대가 이루어져 이 일은 지금도 흔쾌히 지속되고 있다.

다른 하나는 영국에 와 있는 중국인들을 대상으로 한 선교이다. 런던한민족교회 교인의 대부분은 이 교회를 통하여 처음으로 예수님을 믿기 시작한 사람들이다. 교회는 지속적인 양육을 거쳐서 일꾼을 키워냈고, 이 일꾼 중에서 중국인 대상의 사역을 맡는 사람들이 나왔다. 복음을 확실히 알고 중국어(만다린)를 제대로 구사하는 사람이 필요했는데, 자체 양성한 조선족이 이 사역에 쓰임 받게 된 것이다. 그래서 2014년에 중국인 교회를 창립하게 되었는데 만방화인교회(万邦华人教会)라는 이 교회는 아직 작고 연약하지만, 세상을 향한 하나님의 은혜의 통로로서 계속 나아가고 있다.

현재 고 선교사님 부부는 영국에 사는 모든 사람들을 대상으로 사역을 차츰 넓혀가고 있다. 런던은 세계에서 가장 다양한 지역의 출신들이 모인 곳이고, 그에 따라 수많은 종교들이 들어와 있다. 기독교가 쇠퇴한 자리를 무신론, 불교, 힌두교, 시크교, 그리고 이슬람이 차지하려고 애를 쓰는 모습이다. 근래 영국에는 무슬림이 빠른 속도로 늘어나고 있다. 게다가 런던한민족교회 인근에는 이민자들과 빈곤층이 많다. 예수님으로 말미암은 따뜻한 위로와 생생한 소망이 절실한 곳이다. 이를 위하여 올해 영어 예배를 시작하였고, 교회와 개인 차원에서 방문 전도와 거리 전도를 계속하고 있다.

중국 연길, 김현길 목사와 이봉선 전도사 부부

중국의 조선족들이 너도나도 한국으로 일을 하러 오는 바람에 중국에 남은 아이들이 커다란 문제로 부각되고 있다. 김현길 목사님은 한국에서 공부할 때부터 중국에 돌아가면 고아가 아니면서 고아처럼 남겨진 아이들을 품고 가족으로 사랑하는 것을 비전으로 삼았다. 그리고 중국으로 돌아가자마자 일하는 부모 대신 어린아이들을 맡아 집에서 키우며 사랑을 전하고 있다. 목사님은 이들 외에 더 많은 아이들을 돌보려는 계획과 더불어 성인들에게도 복음을 전하며 함께 예배를 드리고 있다.

진우는 12살 난 남자아이인데 3살에 부모가 이혼하고 아빠가 혼자 애를 키우다가 한국으로 일하러 갔다. 진우가 목사님 가정에 온 지는 어느새 3년이 다 되어 간다. 목사님 가정에 처음 왔을 때 진우는 이렇게 살아서 뭐하느냐며 7층에서 뛰어내려 죽겠다고 했다. 그리고 세상의 여자는 다 나쁜 여자라고 했다. 떠나가 버린 엄마에 대한 나쁜 기억으로 목사님의 아내 이봉선 전도사님에게도 가까이 가려고 하지 않고 나쁜 여자라고 했다. 그런데 3년이 지난 지금, 자기는 행복하다고 한다. 예수님을 믿으면서 새로운 생각으로 바뀌어 가고 있다.

7살 된 영훈이의 엄마는 영훈이를 낳은 지 한 달 만에 한국으로 돈을 벌러 갔다. 영훈이는 아빠가 없다. 목사님 집에 온 지 2년이 되어가는데 처음 왔을 때는 말을 전혀 못했다. 부모가 중국을 떠나 한국으로 돈을 벌러 이주해 오느라 버려진 아이들이 심한 상처를 받아 이런 현상을 많이 보인다. 두 선교사님이 사랑으로 영훈이를 돌보니 지금은 말이 많이 늘었다. 정상적인 아이들보다는 좀 늦게 말하고 아직도 말이 어눌한 편이지만 그래도 많이 좋아져서 작년에 엄마가 중국에 잠시 방문했을 때 보고 너무나 좋아했다.

하나님께서 부족한 자신들을 사랑하시고 또 사랑이 갈급한 어린이들을 우리에게 맡겨 주어서 감사하다고 목사님은 고백한다.

"주님이 저희들을 이 사역에 사용하시면 저희들은 부족하지만 하나님의 사랑을 가지고 이런 아이들의 아빠가 되고 엄마가 되어 하나님의 사랑과 말씀으로 양육하려고 합니다. 그리고 용정에 있는 노인 대학에 가서 강의를 합니다. 권사님께 배운 대로 사례는 받지 않고 오히려 갈 때마다 적은 후원금을 가지고 가서 노인들을 기쁘게 합니다. 벌써 2년째 란주에 있는 교회와 청도에 있는 다민족 교회, 북경에 있는 시동생의 생활비와 북한에 간 조선족 선교사님 부부에게 조금씩 보태 주고 있습니다. 앞으로도 부모의 사랑이 갈급한 아이들을 더 많이 받아서 예수님의 사랑으로 돌보려고 합니다.

전도하다 보면 교회에 한번 가본 후 다시 나가지 못한 사람들이 많이 있습니다. 그런 사람들에게 더 다가가서 예수 그리스도의 복음을 전하여 교회로 인도하겠습니다."

16년 사역을 함께한 동역자들

88년도에는 대학부를, 89년도에는 청년부를 섬기면서 가정을 이룬 조희영, 권수영 집사님 부부는 내가 선교를 시작한 초창기부터 홍콩에서 사역하면 홍콩으로, 말레이시아에서 사역하면 말레이시아로, 외국인 노동자들 사이에서 사역하면 그들에게로 계속 도움을 실천하고 있다. 이들을 20대 초반에 만났는데 어느새 50대로 들어서고 있다. 마치 빌립보 교인들이 사도 바울을 계속해서 섬긴 것 같이 이 부부는 우리 선교회가 확장될수록 계속 액수를 늘려 헌금하면서 이런 고백을 한다. "권사님이 앞장서서 보여 준 대로 우리도 따라가요."

처음 홍콩 때부터 말레이시아, 그리고 홀리네이션스 선교회까지 외국인 노동자들을 섬기는 30년간 함께 도우신 분이 두 분이 더 있는데 홍콩에 사시는 김혜선 권사님과 이영희 권사님이시다. 홍콩에서 살 때는 같은 지역에서 살았지만 이제는 서로 다른 나라에서 살고 있다. 그런데 참으로 놀랍게도 우리가 도움이 절실히 필요할 때마다 마치 우리를 보고 있는 것 같이 도와주셨다. 김혜선 권사님은 국제 전화로 매일 대화를 나눠 한집에 사는 가족 같다. "권사님, 힘들지요?"라고 안부를 묻고 서로를 격려하며 하나님 나라 확장에 최선을 다해 주신다. 이런 한 마음을 가진 동역자를 주님은 사용하셨다.

50대 초반에 직장을 사임한 김상현 권사님은 새롭게 사업을 시작했다. 하나님의 영광을 위해서 하나님 방법대로 일하니 하나님이 그 사업에도 함께하셔서 두 자녀를 미국에서 공부시킬 뿐 아니라 자신도 늦은 나이에 박사 학위를 받을 수 있었다. 우리 선교회에도 최선을 다해서 동역을 하였다. 이제 65세가 되니 10여 년 한 사업을 접고 더 늦기 전에 한국어 교사 자격증을 따서 여생을 키르기스스탄에서 선교사로 섬기려 하고 있다. 인생의 십분의 일 시간을 주님께 드리겠다는 결심이다. 권사님은 홀리네이션스 선교 사역에 동역하는 것을 기쁨으로 여기면서 살아왔다. 지금은 선교사 훈련을 받고 있다.

사랑쟁이 가족

하나님께서는 우리에게 가정을 이루게 하시고 서로를 돕기 위한 배필을 주셨다. 그런데 하나님의 원래의 목적대로 가정을 이루지 못하고 수없이 많은 가정이 깨어지고 있는 것이 조국의 현실이다. 성경은 우리가 주 예수님을 구주로 받아들일 때 나 자신뿐 아니라 나의 가족도 구원을 받으리라고 말씀해 주고 있다. 열심히 사역을 하면서 나아가는데 정작 가족이 바라볼 때 사랑을 느끼지 못한다면 우리 집은 구원을 누리고 있지 못하는 것이다. 자녀들이 부모가 서로 사랑하는 것을 보고 자란다면 서로 사랑하라는 말씀을 그대로 실천할 것이고 그 가정은 천국의 모형을 보여 줄 것이기에 자녀에게도 신앙을 계승할 것을 믿는다.

수많은 분들과 상담을 하게 되는데 그 고통의 대부분이 관계에서 오는 고통이다. 성경의 사랑하라는 가르침은 '인간관계의 기본 핵심'으로 어디에서도 볼 수 없는 최고의 교훈이다. 그것을 순종할 때 나와 내 집은 구원의 기쁨을 누리게 된다.

나와 내 가족이 서로 사랑하지 못하고 갈등 속에서 살면서 구원을 얻지 못한 모습을 보인다면 다른 사람들에게 전하는 전도에는 아무 능력이 없을 것이다. 사실 신약성경을 묵상할수록 우리가 어떻게 귀한 생명의 구원을 얻었고 구원을 얻은 사람은 어떤 삶을 살아야 하는지가 자세히 기록이 되어 있다. 그 말씀은 귀한 구원을 이루어가는 신자의 지침이고 우리는 그러한 삶을 마땅히 살아가야 한다.

"우리가 그의 계명을 지키면 이로써 우리가 그를 아는 줄로 알 것이요 그를 아노라 하고 그의 계명을 지키지 아니하는 자는 거짓말하는 자요 진리가 그 속에 있지 아니하되 누구든지 그의 말씀을 지키는 자는 하나님의 사랑이 참으로 그 속에서 온전하게 되었나니 이로써 우리가 그의 안에 있는 줄을 아노라 그의 안에 산다고 하는 자는 그가 행하시는 대로 자기도 행할지니라"(요일 2:3-6).

　서로 사랑하는 가족이 되기 위해 기도하고 실천해야 할 것이 있다. 첫 번째, 사랑쟁이로 살기로 먼저 선택해야 한다. 이것은 비단 부부 사이뿐만 아니라 자녀나 가까운 사이 등 대인관계 모두에 해당되는 것이다. '사랑쟁이가 되어서 행복을 선택하여 행복동에서 살 것인가?' 아니면 '본성대로 살아서 불행을 선택하여 지옥을 맛보면서 살 것인가?' 선택은 자신이 하는 것이다. 주례가 묻는 대답에는 모두 "네"라고 대답했지만 그 약속을 지키지 않기에 지옥을 맛보는 것이다. 결혼할 때 "괴로우나 즐거우나 항상 함께할 것"을 서약하는 것처럼 우리가 진실한 선택을 해야 할 것이다.

　나는 물건을 꼭 필요한 것만 구입을 하는데 쇼핑을 좋아하지 않기 때문에 처음부터 물건을 아껴 쓰는 습관이 있다. 하다못해 집에서 쓰는 그릇이나 쟁반 같은 종류도 30년 정도 된 것이 많고 집 안 가구도 마찬가지인데 깨끗하게 보관하는 습관 때문이다. 사람을 바라보는 것도 마찬가지다. 귀하게 보고 소중하게 바라보면 오랜 세월을 같이 지내도 늘 새로운 기분으로 행복하게 살 수 있다. 새 물건을 잠시 좋아하듯이 사람도 잠시 좋아하다가 귀하게 아끼지도 않으며 살다 보면 끝없이 바뀌어도 여전히 권태로울 것이다.

　우리 부부는 같이 대학을 다녔기에 결혼하기 전 7년이라는 세월을 함께 지냈고 결혼한 지 42년이 되어 거의 50년이라는 세월을 함께 걸어왔다. 이십 대 초반에 만나서 70살이 다 된 할아버지 할머니이지만 우리는 행복동에서 살 것을 선택했다. 그것은 주님께서 가르쳐 주신 계명이기도 하다.

"내 계명은 곧 내가 너희를 사랑한 것 같이 너희도 서로 사랑하라 하는 이것이니라"(요 15:12).

물건을 오래 쓰려면 늘 깨끗하게 닦고 잘 보관하듯이 서로의 마음도 그런 자세로 간직하면 '영원한 연인'으로 살 수 있다. 아침이면 서로 묵묵히 말없이 일어나는가? 우리는 아침마다 무덤덤하게 시작하지 않고 언제나 새벽형 인간인 내가 먼저 일어나 잠시 후 일어난 남편에게 인사를 한다. "안녕히 주무셨어요?" 그리고 오른손을 붙잡고 기도를 하고 즐거운 대화를 나누면서 함께 아침을 먹는 것이 매일 이어져 왔다. 영원한 행복동의 주민이 되기 위해 가장 효과 없는 바가지 긁지 않고 인상 쓰고 소리 지르지 않고 집을 더럽게 재해 지구로 만들지 않는다는 원칙을 지키고 있다.

대부분 서로 다투는 이유는 자기중심적인 데서, 그리고 중요한 것이 아닌 사소한 것에서 비롯된다. 그렇게 지옥 같은 것을 선택할 이유가 있을까?

더 심각한 것은 자녀들이 보고 답습을 한다는 것이다. "사랑하라" 주님 말씀하시니 "네, 주님. 사랑하겠습니다"라고 바른 선택을 하면 천국의 지점에서 살다가 천국의 본점으로 옮겨 갈 것이다.

"그러므로 무엇이든지 남에게 대접을 받고자 하는 대로 너희도 남을 대접하라 이것이 율법이요 선지자니라"(마 7:12).

두 번째, 상대방의 입장부터 이해해야 한다. 이 훈련도 모든 사람에게 해당되지만 특히 가장 오래 함께 지내는 배우자 그리고 가족들을 1순위로 훈련해야 한다. 모든 사람들이 같은 생각을 하지 않기에 상대방 입장부터 이해해야 사랑이 가능하다. 신혼부부 학교 포스터에 이런 그림이 그려져 있는 것을 보고 동의하며 웃음이 난 적이 있다. 소는 풀을 좋아하고 사자는 고기를 좋아하는데 서로 결혼해서 왜 사자는 풀을 싫어하는지 왜 소는 고기를 싫어하는지를 이해를 못해 서로의 거리를 좁히지 못한 내용이었다.

이해가 부족하면 서로 사랑을 한다고 한 행동이 오히려 상대방을 곤란하게 만드는 것을 보게 된다. 사랑쟁이가 되려고 결단을 했으면 우선 상대방이 어떤 것을 좋아하는지, 또 어떤 것이 힘이 드는지, 왜 그런 행동을 하게 되는지, 지금 원하는 것이 무엇인지를 잘 파악해야 사랑이 전달되고 행복한 관계가 될 것이다.

세 번째, 사랑은 내가 먼저 심어야 한다. 그래야 열매가 열린다.

"우리가 사랑함은 그가 먼저 우리를 사랑하셨음이라"(요일 4:19).

사랑의 모든 것을 보여 주신 주님께서 먼저 우리를 사랑하심을 보여 주신 대로 우리도 먼저 사랑을 심어야 한다.

전에 목사님들의 설교를 통하여 다음 예화를 들었다. "천국과 지옥을 가 보니 똑같은 밥상이 차려져 있었는데 특이한 것은 긴 숟가락이었다. 혼자 자기 입으로 음식을 먹으려고 하면 도저히 입으로 들어가지 못할 만큼 길었다. 천국에 있는 사람들은 모두 그런 밥상 앞에서도 식사를 하고 얼굴이 빛이 나고 건강한 모습이었는데 지옥에 있는 사람들은 모두 파리한 모습이었다. 한참 구경을 하니 천국에 있는 사람들은 자기가 먼저 먹으려고 하지 않고 상대방에게 서로 먹여 주는 것이었다. 그래서 긴 숟가락으로 못 먹는 일이 없고 서로 먹여 주니 즐겁게 식사를 하는 것이었다. 지옥에 사는 사람들은 서로 자기가 먼저 먹으려고 하니까 입으로 들어가지 못하는 긴 숟가락으로 인해 아비규환이 된 것이다."

먼저 사랑하는 사람들은 어디를 가든 천국을 이룬다. 가정도 "서로 먼저 사랑" 하면 빛난 얼굴, 건강한 얼굴, 행복한 인생을 살게 되기에 사랑은 먼저 심어야 하는 것이다. 울며 사랑의 씨를 심는 자는 기쁨으로 사랑의 열매를 맺을 것이고 본성대로 살아가며 자기를 먼저 내세우는 사람들은 언제나 지옥 맛을 톡톡히 보고 살게 될 것이다. 성경은 우리에게 대접을 받고 싶은 대로 먼저 대접을 하라고 황금률을 주셨는데 우리는 사랑받고 싶고 인정받고 싶기만 하지 먼저 대접을 할 줄 모른다.

한 가지 현장을 통해서 배운 것을 나눈다. 결혼하기 전 직장을 다닐 때 나보다 먼저 결혼한 자매가 열심히 데이트할 때부터 직장 오면 신랑감 이야기를 했다. 결혼 후에도 직장을 다녔는데 어떤 날은 입에 침이 마르도록 신혼의 즐거움을 자랑하고 싸우고 온 날은 그렇게 자랑하던 자기 짝꿍의 험담을 욕을 섞어 가면서 했다. 그때 그 모습이 참으로 좋아 보이지 않았다. 그래서 '나는 결혼하고 나서 저렇게 사람들 앞에서 남편의 흉을 보지 않을 것이다. 드러누워서 자기 얼굴에 침을 뱉느니 그런 순간에는 입술에 파수꾼을 세워야 하겠다'라는 결단을 했다.

"여호와여 내 입에 파수꾼을 세우시고 내 입술의 문을 지키소서"(시 141:3).

주님께서 이 파수꾼을 보내 주셔서 참으로 감사했다. 나뿐 아니라 우리 선교회 동역자들 모두에게도 주님은 입술의 문을 지키는 파수꾼을 세워 주셨다.

여러분들도 인생의 가장 가까운 동역자인 가족과 함께 앞서 나눈 세 가지를 기도하고 실천해 보기를 바란다. 그래서 여러분들의 가정이 말씀으로 세워지기를 바란다.

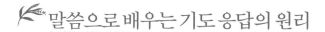 말씀으로 배우는 기도 응답의 원리

기도를 통해 사랑을 전하는 예수님의 가르침

1. 지극히 작은 자에게 한 것이 곧 예수님께 한 것이다.

   "임금이 대답하여 이르시되 내가 진실로 내가 너희에게 이르노니 너희가 여기 내 형제 중에 지극히 작은 자 하나에게 한 것이 곧 내게 한 것이니라 하시고"(마 25:40).

2. 그리스도인은 말과 혀로만 사랑하는 것이 아니고 행함과 진실함으로 한다.

   "자녀들아 우리가 말과 혀로만 사랑하지 말고 행함과 진실함으로 하자"(요일 3:18).

3. 주님의 제자인지 아닌지는 우리가 서로 사랑하는 모습을 보고 알 수 있다.

   "너희가 서로 사랑하면 이로써 모든 사람이 너희가 내 제자인 줄 알리라"(요 13:35).

4. 예수 그리스도를 믿고 주님이 주신 계명대로 서로 사랑할 때 우리는 우리 마음이 정죄하지 않으며 무엇이든지 구하는 것을 받을 수 있다.

   "사랑하는 자들아 만일 우리 마음이 우리를 책망할 것이 없으면 하나님 앞에서 담대함을 얻고 무엇이든지 구하는 바를 그에게서 받나니 이는 우리가 그의 계명을 지키고 그 앞에서 기뻐하시는 것을 행함이라 그의 계명은 이것이니 곧 그 아들 예수 그리스도의 이름을 믿고 그가 우리에게 주신 계명대로 서로 사랑할 것이니라"(요일 3:21-23).

캄보디아 형제 잔타의 간증

"네가 물 가운데로 지날 때에 내가 너와 함께할 것이라 강을 건널 때에 물이 너를 침몰하지 못할 것이며 네가 불 가운데로 지날 때에 타지도 아니할 것이요 불꽃이 너를 사르지도 못하리니"(사 43:2).

하나님께서는 너무나 절망적이었던 상황에 있었던 저한테 새로운 삶과 희망을 주셔서 영광을 돌리고 감사드립니다. 그리고 하나님께 제 삶 속에 역사하시는 것을 간증할 수 있어서 진실로 감사드립니다.

저는 캄보디아 시골의 가난한 가정에서 태어났습니다. 제 형제는 8명이 있습니다. 제 아버지는 농부이고 어머니는 마을에서 장사를 합니다. 전에는 우리 집에 작은 땅이 있었기 때문에 농사를 짓고 살았습니다. 한데 그 수입으로는 가족의 생계가 힘들고 생활이 점점 어려워져서 가족을 돕기 위해 저의 아버지가 대도시에서 건축 노동자로 일을 하러 갔습니다. 몇 달 안 되어서 일이 힘들고 식사도 제대로 못하셔서 아버지가 몸에 병이 드셨습니다.

속이 불편하시고 그렇게 심하게 피가 나올 때까지 고통스러워하는 모습을 지켜보는 것은 참으로 마음 아픈 일이었습니다. 우리 아버지를 치료받게 하기 위해 병원에 모시고 가는데 돈이 없어서 원래 우리 가족의 생계를 이어 주는 하나밖에 없는 농사짓는 땅을 팔았습니다. 그때 제가 13살이고 초등학교 6학년이었습니다. 저는 의사가 되고 싶었습니다. 하지만 생활이 어렵고 어머니께 큰 부담을 드리기 때문에 어머니를 돕기 위해 학교를 그만두기로 했습니다. 어머니와 형님은 제가 공부를 잘했는데 학교 그만두는 것이 안타깝다고 했습니다. 우리는 농사짓는 땅도 돈도 없고 아버지는 편찮으셔서 일을 못하시니까 제 위의 누나들 3명이 도시로 가서 가사 도우미 일을 합니다. 저의 넷째 누나와 다섯째 형님이 아침 일찍 일어나서 장사를 준비합니다. 저도 아침부터 저녁까지 마을에 들어가서 장사를 했습니다.

3년 후 2007년에 직업을 갖게 되고 플라스틱 공장에서 일했습니다. 하루에 12시간을 밤낮 1주일을 주야로 교대하면서 일을 했지만 월급이 처음에 50불 그다음에는 80불밖에 안 되었습니다. 그래도 그 돈을 아껴서 가족의 생활비를 도왔습니다. 3년 후에 어떤 의사 선생님이 저를 보고 불쌍히 여겨서 저한테 직업을 주시고 그분 병원에서 일하게 되었습니다. 그때 한 달에 125불을 월급으로 받았습니다. 저를 좋아해서 돈을 주고 운전 교육도 받고 그 병원 구급차를 운전할 수 있도록 도와주셨습니다. 옛날에는 믿음이 없어서 이런 일들이 저한테 그냥 우연히 일어났다고, 세상에 분명히 선한 사람들이 있어서 그분이 저를 불쌍히 여겨서 도와주는 것뿐이라고 생각했습니다.

하지만 요즘에는 저의 생각이 달라졌습니다. 하나님이 저를 불쌍히 여기시고 사랑하셔서 저를 위해 계획을 미리 하셨고 제가 정말 많이 힘들고 가난할 때 좋은 분을 보내 주시고 도와주신 것을 알게 되었습니다.

어느 날 제 동료의 동생이 갑자기 저에게 한국말을 같이 공부하자고 초청했습니다. 전에는 한국말을 왜 공부해야 하는지 모르겠고 한국에 올 일이 없을 것이라고 생각해 공부를 안 한 지 너무 오래됐기에 다시 공부한다 해도 잘 못 할 것이라고 생각했습니다. 다시 생각하면 그때 하나님께서 저한테 그 동생을 통해 새 희망을 주시려고 준비하셨다고 믿습니다. 밤에 힘들게 일하고 낮에 공부해야 해도 한국어를 공부하겠다고 결정했습니다. 제가 열심히 일하고 받은 월급의 일부분을 빼서 한국어 학비를 내고 멀리 공부하러 갈 수 있도록 자전거를 샀습니다. 한국어 공부하는 것이 저의 하나밖에 없는 소망이 되었습니다. 밤에 일하고 낮에 공부하는 것이 정말 쉽지 않았습니다. 어떤 때는 제가 아프면서도 공부를 했는데 그래도 전혀 불평을 하지 않았습니다.

만약에 제가 한국에서 돈을 많이 벌 수 있다면 우리 가족들을 이렇게 힘들지 않게 잘살 수 있도록 도와줄 거라는 강한 마음이 있기 때문이었습니다. 그리고 2015년 10월에 한국에 올 수 있다는 소식 들었을 때 저랑 어머니랑 눈물을 흘리면서 너무나 기뻐했습니다.

하지만 우리는 한국에 올 돈이 하나도 없어서 은행에서 대출을 받아 한국에 왔습니다. 한국에 2015년 12월에 도착했습니다. 다행히 저의 친구와 누나는 한마음으로 저한테 홀리네이션스에서 한국어를 배우라고 초청했습니다. 그 일을 통해 하나님께서 저를 부르신 것을 상상도 못했습니다. 3주밖에 안 돼서 일을 하다가 저의 무릎이 갑자기 아팠습니다. 처음에는 많이 아프지 않고 일 때문에 힘이 든 것이라고 생각해서 그냥 참고 계속 일했습니다. 하지만 일주일 후에 저의 무릎이 많이 아프기 시작해서 사장님한테 말씀드리고 병원에 같이 갔습니다. 검사를 받고 나서 의사 선생님께서 수술해야 한다고 말씀하시고 늦게 하거나 안 하면 장애인이 될 수 있다고 했으며 수술하는 비용이 많이 든다고 했습니다.

병원 갔다 와서 다음 날에 사장님이 저한테 그 공장에서 더 이상 받아 줄 수가 없다고 퇴사를 시킨다고 했습니다. 그때 제가 일한 지 3주밖에 안 되어서 외국인등록증도 없고 의료 보험도 없었습니다. 이제는 그 공장에서 내쫓기면 머물 수 있는 장소도 없어서 어떻게 해야 할지 앞이 캄캄했습니다.

그때 저의 꿈과 소망이 사라져 버리고 집에 돌아가야 한다고 생각했습니다. 하지만 당장 한국에서 머물 데가 없어서 다니 누나가 하이소밧 형한테 연락하고 저의 상태를 설명해 주었습니다. 하이소밧 형이 교회 쉼터로 오라고 했습니다. 사장님이 저를 쫓아내서 제가 걷기도 제대로 못하는데 억지로 밤에 공장에서 쫓겨나서 홀리네이션스 선교회에 오게 됐습니다.

교회에 올 때 나는 이미 전혀 걸음을 걷지 못하는 상태였기에 한 캄보디아 형이 저를 업어서 모든 외국인에게 무료 숙식을 할 수 있는 선교회 쉼터로 데려다 주고 친구들이 모금해 준 돈을 저한테 주었습니다. 캄보디아 친구들과 선배들이 보여 준 그 사랑에 너무나 감사합니다. 교회에 와서 하이소밧 형이 저에 관한 여러 상황을 물어봤습니다. 이틀 후에 저의 무릎이 양쪽 다 아프게 되고 부었습니다. 형이랑 같이 하나님께서 구원을 주시고 새로운 소망과 희망을 줄 수 있도록 기도했습니다.

그때 예수님이 누구인지 확실히 모르는 상태였지만 기도하고 나니 점점 소망이 생겼습니다. 제가 교회에 두 번밖에 안 갔는데 누가 저를 위해서 이렇게 입원, 수술 이런 큰일을 도와주는지 너무나 놀라운 일이었습니다. 다음 날에 권사님이 하이소밧 형이랑 함께 저를 만나고 제가 모든 병을 치유받아 하나님을 알 수 있고 구원을 받아 새로운 삶을 살도록 같이 기도했습니다. 그때부터 캄보디아어로 된 성경을 읽기 시작했습니다. 홀리네이션스 가족들 모두가 기도회에서 합심해서 저를 위해 기도해 주었습니다. 하나님께서 절망 가운데 있는 저한테 이 놀라운 희망의 빛을 비추어 주셔서 너무나 감사드립니다.

다음 날에 저를 든든한 병원에 데리고 갔습니다. 이 병원의 원장님은 장로님이고 그곳 병원의 직원들은 너무나 친절했습니다. 검사를 하고 나서 의사 선생님이 수술해야 한다고 하셨습니다. 그 말을 들으면서 제가 놀랍고 걱정이 되었습니다. 한국에 온 지 얼마 되지도 않아서 돈도 없는데 홀리네이션스 가족이 도와준다는 것을 듣고는 마음에 안정감이 들었습니다. 검사한 이틀 후에 무릎 수술을 받았습니다. 수술실로 옮길 때 너무나 떨리고 걱정되었습니다. 하나님만 도와주실 수 있다고 생각하면서 기도할 수밖에 없었습니다.

"여호와께서 그를 병상에서 붙드시고 그가 누워 있을 때마다 그의 병을 고쳐 주시나이다 내가 말하기를 여호와여 내게 은혜를 베푸소서"(시 41:3-4).

이 말씀을 붙잡고 기도했습니다. 친가족과 같은 홀리네이션스의 기도와 사랑은 불안감을 사라지게 했습니다. 수술한 후에 병원에 있었습니다. 하나님에게 저를 불쌍히 여겨 주시고 사랑해 주셔서 너무나 축복을 받았습니다. 하나님이 저한테 잘 살펴주실 분들을 보냈습니다. 하이소밧 형하고 간호사들이 저를 사랑으로서 잘 살펴줬습니다. 뿐만 아니라 하나님께 저의 신체와 영혼을 특별히 구원해 주셨습니다. 권사님께서 저를 자주 찾아 주시고 성경 말씀을 들려 두시고 항상 기도해 주십니다.

보통 사람들이 이렇게 많은 시간과 물질을 써서 모르는 사람을 도와주고 치료를 해 주고 그의 영혼을 살려 줄 수 있을까요? 이렇게 할 수 있도록 해 주신 분은 예수님이라는 사실을 알게 되었습니다. 예수님께서 사랑을 보이시고 십자가에서 죽으심으로 우리의 언약

함을 담당했고 먼저 사랑을 보이신 것을 말씀을 통해서 깨닫게 되었습니다.

"이는 선지자 이사야를 통하여 하신 말씀에 우리의 연약한 것을 친히 담당하시고 병을 짊어지셨도다 함을 이루려 하심이더라"(마 8:17).

하나님이 제가 상상하지도 못했던 기적을 베푸셨습니다. 수술 후에 한국의 의학 기술에 의지하면서 빨리 회복하고 정상으로 걸을 수 있다고 기대했는데 사실은 기대처럼 그렇지 빨리 회복이 안 되었습니다. 원인을 잘 모르고 체온이 계속 오르고 배도 아팠습니다. 그리고 무엇보다도 저의 오른쪽 무릎이 90도 각도로 잘 굽혀지는데 왼쪽 무릎은 10-15도밖에 잘 굽혀지지 않았습니다. 의사 선생님이 두 번째 수술을 안 하면 굽히지 못하고 장애인 상태로 되어 버린다고 하셨습니다.

다시 수술하는 것이 저한테 너무나 부담스러웠습니다. 권사님이 저한테 하나님께서 세상과 사람들을 창조하셔서 누구보다 우리 몸 상태를 다 아시니까 최고인 의사 예수님께서 저를 고쳐 주시는 것을 믿고 이제는 의술의 한계를 뛰어넘어서 주님을 의지하자고 말씀했습니다. 말씀하고 나서 우리는 같이 하나님이 직접 치료해 달라고 기도했습니다. 의사 선생님은 두 번째 수술을 많이 강조했지만 우리는 바로 일주일만 더 상태를 보게 해 달라고 요청했습니다. 그동안에 성경도 매일 읽고 기도했습니다.

말씀을 붙잡고 기도할 때 놀랍게도 계속 고열이었던 상태에서 저의 체온이 떨어지고 정상으로 돌아왔습니다. 그리고 왼쪽 무릎도 점점 굽혀지고 일주일 후에 많이 좋아져서 퇴원을 했습니다. 입원한 시간은 거의 두 달이었습니다. 전능하신 하나님께서 우리 기도를 들어주십니다. 그리고 퇴원한 지 두 달 후에 저의 무릎이 양쪽 다 잘 굽혀져서 삼위교회에서 체육대회를 했는데 달리기를 1등 했습니다. 하나님께 영광을 돌립니다.

이 사건들을 통해 하나님이 내 삶 속에 역사하신 줄로 믿었습니다. 하나님이 저를 불쌍히 여기고 많이 사랑하셔서 새로운 희망의 삶을 저한테 주셨습니다. 예수님께서 수술의 한계를 뛰어넘은 치료를 해 주지 않으셨으면 제겐 아무 소망도 없고 병든 몸으로 장애인이 되어 다시 집에 돌아갔을 겁니다. 그리고 그 모습이 되었다면 저의 삶이 얼마나 불쌍하게 되었을지 상상만 해도 아찔합니다. 왜냐하면 우리 가족이 빚이 있어서 저를 치료할 능력이 없기 때문입니다.

"주께서 택하시고 가까이 오게 하사 주의 뜰에 살게 하신 사람은 복이 있나이다 우리가 주의 집 곧 주의 성전의 아름다움으로 만족하리이다"(시 65:4).

제가 첫 번째 공장에서 쫓겨나서 직업도 없이 캄보디아로 빚만 진 채로 돌아갈 뻔했는데 다시 일할 공장을 찾았습니다. 하나님이 저의 기도를 또 들어주셨습니다. 교회 근처에 있고 친구도 같이 일할 수 있게 해 주셨습니다. 만약 고용 센터에서 교회에서 멀리 떨어진 곳에 직업을 배정해 주었으면 교회에 참석도 못했을 터인데 하나님께서 기도를 들어주신 것입니다. 그리고 사장님도 좋으신 분이고 월급도 많이 받을 수 있습니다. 할렐루야! 우리 주님께 영광을 돌립니다.

마지막으로 다시 홀리네이션스 가족, 사랑스러운 여러분들께 진실로 감사드립니다. 예수님이 여러분들을 택하시고 축복하신 줄 믿습니다.

네팔 형제 요셉의 간증

제 이름은 요셉이라고 합니다. 이 이름은 마마 킴이 저한테 지어 주셨습니다. 원래 제 이름은 람이라고 하는데 람은 힌두교 신의 이름입니다. 그래서 저한테 마마가 요셉이라는 이름을 주시면서 요셉과 같은 인생을 살라고 해서 너무나 감사합니다.

저는 네팔의 시골에서 태어났습니다. 우리 가족들이 다 힌두교를 믿습니다. 저는 어렸을 때 부모님과 함께 행복하고 잘 지냈고 시골에 있는 고향에서 고등학교를 졸업하고 카트만두에서 트리부완 대학교에 들어갔습니다. 대학교에 다녔을 때 장사를 하면서 공부를 했기에 걱정 없이 대학교에서 필요한 학비를 잘 해결했습니다.

사업이 돈을 가장 잘 버는 방법이라고 알고 사업을 큰 규모로 확대하고 싶은데 돈이 부족해서 그 계획대로 못 하고 돈을 좀 더 벌기 위해 한국으로 왔습니다. 네팔에서 결혼하고 아름다운 가족을 이루고 아내와 아들 한 명이 있었는데 우리 아내는 저한테 멀리 외국에 가지 말라고 했습니다. 하지만 우리 인생이 성공하기 위해 한국에 오는 게 좋겠다고 결정을 냈습니다. 그 계획대로 2012년 10월 15일에 한국에 왔고, 도착했을 때는 외국에 처음 왔기에 들떠 있었습니다. 문화, 언어, 음식, 친구 그리고 일 모든 것이 다 저한테 새로운 것이었습니다.

1년 후에 갑자기 가슴 속에 통증을 생겼습니다. 그때는 많이 아프지 않아서 그냥 참고 계속 일했습니다. 통증이 점점 늘지만 통증에 대해 생각 안 하고 그냥 보냈는데 어느 날 누나가 네팔에서 저에게 전화를 해서 물어 봤습니다. 우리 누나가 다시 저한테 전화를 해서 "동생아 지금 뭘 먹고 있어? 친구랑 같이 있어?" 하는데 누나의 목소리가 너무나 슬픈 목소리에 금방이라도 울 것 같았습니다. "동생아 좀 전에 집에서 누가 전화를 했어"라고 했습니다. 어제 우리 아내랑 같이 통화했다고 답했더니 갑자기 슬픈 큰 목소리로 누나가 저한테 "걱정하지 마, 동생아. 우리 모두 다 어느 날에 한곳에서 같이 만날 거야"라고 하면서 우리 누나는 아내가 죽었다는 소식을 저한테 간접적으로 말했습니다.

우는 목소리를 들으면서 마음이 아파서 누나한테 말했습니다. "누나, 나한테 솔직하게 말해 봐. 무슨 일이 있어? 왜 울어?"라고 물으니 제 아내가 심장마비로 죽었다는 것입니다. 그때 아무 말을 할 수 없을 정도로 너무나 당황스러웠습니다. 어젯밤에 같이 통화를 하고 잘 지냈다고 했는데 그 소식을 들었더니 정말 믿을 수 없었습니다.

갑자기 어린 아들이 걱정이 되어 누나한테 우리 아들이 지금 어디 있느냐고, 아들이 어떻게 됐느냐고 물으니 누나는 제 아들이 지금 누나랑 같이 있다고 걱정하지 말라고 했습니다. 이 사건으로 정말 저의 몸이 절반으로 죽은 것같이 마음에 큰 슬픔을 당했습니다. 24살밖에 안 되는 아내가 세상을 갑자기 떠났다는 소식을 들었을 때 미칠 것같이 몹시 슬펐습니다.

정말 후회스럽고 아내가 외국 가지 말라고 한 말이 기억났을 때 외국의 삶이 정말 싫어졌습니다. 가족들이 저한테 전화로 위로를 해 주었지만 전혀 위로가 되지 않았습니다. "세상이 정말 허무하다." 이렇게 고백하면서 2년 정도 한국에서 생활을 하고 있었습니다. 가슴 통증이 점점 심각해졌습니다. 건강과 가족 문제에 대해 회사 매니저게 말씀드리니 매니저가 병원에 같이 가자고 했습니다. 여러 문제가 저의 머릿속에 있고 아들도 너무 보고 싶어서 불면증에 걸리고 건강도 많이 안 좋아졌습니다. 치료도 받고 아들도 보고 싶어서 네팔에 한 달쯤 방문할 결정을 했습니다.

집에 도착하자마자 너무나 외로움을 느꼈습니다. 아들이 저의 무릎 위에 앉아서 저한테 물어 봤습니다. "우리 엄마가 어디 있어?" 그때 제가 정말 마음이 아팠습니다. 우리 아들이 "우리 엄마는 한국에 있지?"라고 계속 물어 보았습니다. 저는 그렇다는 대답밖에 답을 할 수 없었습니다. 지금까지도 계속 우리 엄마가 아빠랑 같이 있다고 말합니다. 네팔에서 건강 검진을 받고 약도 먹고 치료를 받아서 통증은 점점 줄었습니다. 사실은 제가 아들이랑 같이 있었기 때문에 건강이 많이 좋아졌다고 생각합니다. 아들이랑 같이 있을 때 아픔을 생각하지 않으려는 훈련을 했기 때문입니다. 한 달 지나서 제가 한국에 다시 오게 되면서 옛날 안 좋았던 기억들이 잊으려고 노력했는데 항상 눈앞에 떠올랐습니다.

그래서 압박감, 불면증, 불안감, 가슴 통증이 다시 걸려서 제 몸은 점점 힘이 없어졌습니다. 그렇게 되더니 사탄이 밤에 저를 공격했습니다. 제가 일을 빨리 못해서 항상 혼자 회사에서 늦게까지 일을 했는데 다른 직원들이 저한테 억지로 빨리 일하라고 했는데 건강이 안 좋고 힘이 없어서 못했습니다. 또다시 병원에 가서 주사도 맞고 약도 먹었는데 지난번처럼 효과가 없었고 너무 외로워서 제가 다른 네팔 친구들이 일하고 있는 회사로 옮기고 싶었습니다. 제가 회사를 바꾸고 싶다고 반장님한테 직접 말했더니 저한테 거짓말이라고 더 이상 그 말을 듣고 싶지 않다고 하셨습니다. 회사하고 계약을 해서 그냥 마음대로 바꿀 수 없다고 회사 옮기고 싶다면 사장님이 서명해 주셔야 된다고 했습니다.

그 일들은 저한테 더 긴장이 되어서 약을 꾸준히 먹었지만 통증이 안 줄고 그 대신 머리가 계속 아프고 불면증이 더 심각해졌습니다. 다른 근로자들과 항상 분쟁이 되고 괄시를 받았습니다. 아무도 저의 상태를 보고 불쌍히 여겨 주지 않았습니다. 빠지지 않고 계속 일했지만 밤이 되면 잠을 들 때 그 생각을 떠올라서 속상하고 잠을 못 잤습니다.

그때 매일 힌두교 신에게 기도하기 시작했습니다. "제가 죽어 버린다면 우리 아들이 고아가 될 것입니다. 도와주십시오! 제가 외국 땅에서 혼자 외국인으로 있는데 누구도 도와주지 않습니다. 만약 신이 세상에서 계시다면 도와주세요."

어느 날 밤에 보통 때와 같이 잠을 자기 전에 기도를 했더니 갑자기 예수님이 저한테 나타났습니다. 예수님께서 공중 위에 서 계셨습니다. 저는 정말 놀라웠습니다. 왜냐하면 제가 힌두교 신한테 기도드렸기 때문입니다. 그전엔 예수님을 싫어했습니다. 그때부터 예수님이 누군지, 왜 저한테 나타나는지 궁금하고 알고 싶게 되었습니다.

다행히 출입국관리소에서 일하시는 분의 전화번호를 알아서 그분한테 전화를 했습니다. 그분이 저한테 네팔에서 온 신학생 언몰의 전화번호를 주셔서 언몰에게 연락을 하고 홀리네이션스 선교회에 오게 되었습니다. 언몰한테 저의 문제를 설명해 주고 친구들이랑 같이 기도했습니다. 저한테 네팔 성경책을 주어 읽으라고 하고 예수님의 이름으로 매일 하루에 3번 기도하라고 가르쳐 주었습니다. 제가 죄인인 것을 깨닫고 처음에 회개 기도부터 했습니다.

매일 하루에 3번 꾸준하게 기도하고 제가 죄인이라는 것을 깨닫게 되니 너무나 죄가 미워졌습니다. 그날부터 저의 건강이 점점 좋아져서 잠을 잘 자는 것을 느꼈습니다. 하나님을 사랑하게 되고, 하나님이 저의 인생에 큰 소망을 주셨습니다. 성령이 나를 날마다 새롭게 하시고 하나님께서 뜨겁게 사랑해 주심을 느꼈습니다. 나의 고통을 위로해 주시고 해결해 주셨으며 하나님은 오직 살아 계신 유일한 신이라는 것을 깨닫게 되었습니다.

저의 믿음은 믿을 수 없을 정도로 자라나면서 하나님께 내 삶을 드리기로 결심하게 되었습니다. 예수님을 믿게 되고 2014년에 세례를 받았습니다. 나는 심령의 양식처럼 매일 성경을 읽어서 2년 동안 3독을 하였고, 지금은 내 삶을 구원하시는 주님이 나의 인생의 주인이 되었습니다. 제가 큰 고통을 당했을 때 주님께서 긍휼과 사랑과 위로의 선물을 주셨습니다. 하나님의 말씀을 통해 오직 살아 계시고 우주 만물을 창조하신 하나님이라고 증명하셨습니다.

예수님은 최고의 의사이시고 성령으로 저를 치유하셨습니다. "주 예수를 믿으라 그리하면 너와 네 집이 구원을 받으리라"(행 16:31)라는 성경 말씀대로 하나님이 우리 가족을 도와주셨습니다. 6개월 후에 저의 형님이 뇌에서 종양이 생겼습니다. 그때는 의사 선생님이 수술하더라도 성공할 확률이 없다고 하셨습니다. 우리 형수가 의사 선생님의 말씀대로 저한테 다 설명해 주셔서 제가 하나님께서는 못할 일이 없다고 말씀을 드리고, 교회에 가셔서 기도하시면 하나님이 분명히 답하실 것이라고 했습니다. 성경 말씀을 기억했습니다.

"아무것도 염려하지 말고 다만 모든 일에 기도와 간구로, 너희 구할 것을 감사함으로 하나님께 아뢰라"(빌 4:6).

그때 우리 홀리네이션스 가족들이 저의 형님을 위해 기도했습니다. 저도 눈물로 기도했습니다. 하나님께서 우리 기도를 들으셔서 며칠 후에 수술이 잘됐다고 전화로 소식을 받았습니다. 하나님을 찬양합니다. 하나님이 전능하신 하나님을 믿기 때문에 우리 가족을 구원하시고 가족의 두려움을 위로해 주셨습니다.

성령으로 사탄과 싸웠습니다. 우리 주 예수 그리스도는 저한테 승리를 주셨습니다. 요즘은 여러 이유로 고통을 받는 사람들을 위해 기도합니다. 꿈속에서 우리 하나님 아버지께서 모든 것이 다 가능하다고 확신을 주셨습니다. 하나님이 저한테 큰 계획이 있는 것을 믿습니다. 하나님이 많은 사람 중에 저를 선택하셔서 저를 순종하는 종으로 만들고 싶어 하십니다.

예수님이 우리를 구원하시기 위해 십자가에서 돌아가신 것을 깨달았습니다. 그것을 모르고 믿지 않은 죄를 회개합니다. 예수님이 저를 구원하시고 치료자가 되셨습니다. 예수님의 십자가에서 죽으심으로 우리의 모든 병, 고통과 압박을 치료해 주시고 모든 악한 문제를 해결해 주셨습니다.

"수고하고 무거운 짐 진 자들아 다 내게로 오라 내가 너희를 쉬게 하리라"(마 11:28).

가족처럼 사랑을 주는 우리 홀리네이션스 가족 여러분들께 감사드립니다. 이 교회에 있을 때마다 외국이 아니고 집에서 가족이랑 함께 있는 것처럼 느낍니다. 하나님께서 우리를 축복하신 줄 믿습니다.

홀리네이션스 선교회는 하나님이 살아 계시는 현장이었고, 믿음이 성숙되고 하나님의 군사로 훈련되는 장소였습니다. 봉사자들이 헌신하고 각자 맡은 달란트를 통해 최선을 다해 섬기는 모습으로 주님의 사랑을 느끼는 삶의 현장입니다. 많은 외국인 노동자들이 이 땅에 돈을 벌려고 와 일을 하면서 많은 어려움을 겪지만 홀리를 통해 하나님을 만나고 삶이 변화되는 모습을 보게 됩니다. 외국인 노동자 중 하나님의 은혜 가운데 홀리네이션스 선교회 신학생이 되어 하나님의 군사로 훈련을 받고, 고국으로 돌아가서 그 나라를 섬기고 선교하게 되는 모습도 봅니다. 저도 선교회를 통해 16년 동안 함께 섬기고 한국인으로는 유일한 신학생으로서 후원을 받고 결혼식도 올렸습니다. 이 모든 것을 인도해 주신 주님의 은혜에 감사드립니다. 또한 2012년에 목사 안수를 받고 목사의 직분으로 함께 섬길 수 있도록 기도해 주시고 인도해 주신 하나님의 은혜에 감사드립니다. 지금까지 임마누엘하신 하나님께 감사드립니다.

_고석헌 목사

"믿음은 바라는 것들의 실상이요 보이지 않는 것들의 증거니"(히 11:1). 예수 그리스도의 본을 따라 오직 약속된 말씀의 방법대로 천국 복음을 전파하고 말씀을 가르치며 병든 자를 치유하고 수많은 영혼들을 주께 돌아오게 하며 살아 계신 하나님을 날마다 증거하는 홀리네이션스 선교회와 김상숙 권사님을 통해 참 믿는 자의 능력과 삶을 알아가게 하신 시간들을 하나님께 감사드립니다.

_박미라 집사

홀리네이션스 선교회에서 찬양으로 사역한 지가 벌써 16년이 되었습니다. 하나님의 말씀 안에서 나눔과 섬김을 통한 하나님의 사랑을 실천하며 그 가운데 치유와 회복의 역사를 바라보게 됩니다. 또 열방 가운데 세워진 교회와 사역자들을 통해 이미 놀랍게 세계 곳곳에 일어나는 부흥을 보며 더욱 하나님의 나라가 확장되고 하나님께서 하실 일들을 기대합니다.

_박찬국 집사

할렐루야! 먼저 살아 계신 하나님께 감사드립니다. 부족한 저에게 음식을 만드는 조그만 달란트를 허락하셔서 홀리네이션스 선교회를 섬기게 하심을 감사드립니다. 외국인들에게 식사 봉사를 한

지 16년째 되었는데 외국인들이 제가 요리한 음식을 맛있게 먹을 때 보람을 느끼며 주님 앞에 감사합니다. 또한 신기하게도 주중에 식당을 운영하고 사실 쉴 틈도 없는데 항상 섬기면서 마음이 기뻐서인지 건강도 허락해 주시고 물질의 축복도 겸비하여 주신 하나님께 영광 돌립니다.

_백남수 권사

김상숙 권사님께서 이끄시는 홀리네이션스 선교회에서 함께한 15년의 시간은 살아 계신 하나님을 만나는 시간이었으며 이를 통해 말씀 안에서 나의 믿음이 더해지는 시간이었습니다. 이 땅에서 힘들고 외로운 나그네인 외국인 노동자들의 어머니로 병들고 낙심한 이웃의 치료자와 위로자로, 모양만 그리스도인인 많은 사람들에게 참그리스도인의 모델로 믿음의 진수를 알게 하신 권사님의 삶이 한국 기독교와 믿는 자들에게 나누어져 믿는 모든 자들이 말씀으로 회복되고 삶으로 열매 맺는 아름다운 도전이 있기를 소망합니다.

_손현주 집사

홀리네이션스 선교회는 믿음을 통해 주님의 공급하심을 받아 이웃에게 나누는 사랑의 현장입니다. 동역자 한 분 한 분이 하나님께

목마른 분들이고 또 섬김을 배우고자 애쓰는 사랑의 훈련장입니다. 저는 이곳에서 하나님이 어떤 분인지 배우고 있으며 무엇보다 말씀을 사랑함으로 삶의 우선순위를 말씀 사랑에 두는 훈련도 조금씩 하고 있습니다. 외국인들이 내 형제처럼 가깝고 사랑스런 자들로 보이며 그들을 섬기는 아름다운 공동체에서 삶의 나아갈 길에 대한 방향 설정을 하게 됩니다.

_원미라 집사

선교회에 동고동락하면서 보아 온 하나님께서 행하시는 수많은 일들을 함께 체험하는 것은 참으로 경이로웠습니다. 외국인 노동자들이 질병에 걸려 아프다고 호소할 때 그들을 차에 태워서 병원으로 데리고 가며 섬기는 일들은 주님이 말씀하시는 지극히 작은 자에게 하는 것이 곧 주님께 한 일이라는 것을 배우는 교실이었습니다. 주님과 동행하는 믿음의 행로에 헤아릴 수 없이 응답하시고 행하신 풍성한 하나님을 보는 것은 감동 그 자체였습니다, 이 책을 읽는 사람들도 살아 계신 하나님을 만나 신앙의 부흥이 일어나기를 소망합니다.

_윤난호 권사

저는 홀리네이션스 선교회에서 말씀을 믿고 따라 행하였을 때 약속대로 응답하시는 살아 계신 하나님의 임재를 경험할 수 있었고, 말씀이 길이요 진리요 생명 되신 예수 그리스도이심을 깨달으며 말씀을 따라갈 용기가 생겼습니다. 믿음으로 사는 것이 무엇인지를 배울 수 있는 현장이어서 너무나 감사합니다.

_이민희 집사

홀리네이션스 선교회와 함께한 16년 동안 연약한 저의 믿음을 보게 하시며 어떻게 사는 것이 주님의 자녀 된 삶인지를 알게 하신 하나님께 감사를 드립니다. 믿는다고는 하면서도 주님의 자녀 된 삶이 아닌 내가 무언가를 하려고 발버둥치는 어리석은 삶이었다면 홀리에서 예배를 돕는 자로 봉사하면서 주님이 내 삶을 주관하시고 세밀한 부분까지도 함께하심을 확신하게 되었습니다. 그리고 영의 양식인 말씀의 소중함과 중요함을 새삼 느끼게 되어 바쁠수록 영의 양식을 더 많이 먹으려 노력하고 있습니다. 하나님의 영광을 위해 살아가겠노라는 삶의 목표로 주님의 기쁨이 되기 위해 하루하루를 허락하신 주님께 감사하며 최선을 다하여 살아가고 있습니다. 하나님 자녀로 삼아 주심에 감사하며 행복합니다.

_정은실 집사

오직 주님만 바라보며 매일매일 믿음의 행진을 하는 홀리네이션스는 작은 목동이었던 다윗이 골리앗을 전혀 두려워하지 않고 던진 '다윗의 물맷돌'이 어떤 위력이었나를 보여 주는 곳입니다. 작은 공동체이지만 그 안에서 일어나는 하나님의 역사하심에 매일 놀라고 감사를 드립니다. 말씀과 기도 그리고 행함으로 전진하는 이 뜨거운 사랑의 현장에 있는 것만으로 축복이고 감사입니다. 이 책을 통해 우리 모두가 살아 계신 하나님을 만나는 계기가 되길 기도합니다.

_조성숙 집사